나를 바꾸는 새로운 습관 ♥
정리정돈의 규칙

감수 **오하시 와카**
만화 **후타바 하루**

정리하는 법

지현—!

언제까지 자는 거야!!

으악!

서두르지 않으면 지각하겠어!

응...

지금하고 있어요.

아...

나는 로보야! 같이 정리하자!

정리가 몸에 배면 모든 게 잘 풀릴 거야!

청소 요정 로보

청소 로봇이 말을 했어!?

너한테 맞는 방법으로 정리하면 돼!

정리를 하면 정말 좋은 일이 생길 거야!

정리 같은 건 무리야… 못 하겠어.

그렇지 않아!

뭐!?

정리를 하면 정말 좋은 일이 생긴다고…?

목 차

| 만화 | 프롤로그 『정리하는 법』 ·· 2 |

정리를 하면 이런 좋은 일이 생겨요♥ ································ 14

나를 알아야 손쉬운 정리! 당신의 정리 유형은? ·············· 18

버틀러 너의 타입은? ································ 20

메이드 너의 타입은? ································ 22

프린세스 너의 타입은? ································ 24

페어리 너의 타입은? ································ 26

깨끗함을 유지하는 정리 5원칙 ································ 28

등장인물 소개 ································ 30

제 1 장  책상 정리부터 산뜻하게 시작!

만화 『여기서부터 정리를 시작하자!』	32
정리하기 전 준비!	36
규칙 ① 책상주변에서 불편한 점을 체크해 보자!	38
🖊 불편한 점 체크리스트	40
규칙 ② 모두 꺼내기	42
규칙 ③ 분류하기	44
'고민 중'인 물건은 어떻게 할까?	46
규칙 ④ 정리해서 넣기	48
책상 위·앞	50
서랍	52
책상 옆·아래	56
규칙 ⑤ 필요 없는 물건은 정리해서 버리자!	58
책가방과 가방도 정리하자!	60
클리어 파일로 깜빡하지 말자!	62
정리할 때 있으면 편리한 문구류	64
이럴 땐 어떻게 할까!? Q & A 「책상 주변」	66
🖊 책상 주변은 잘 정리했니!? 체크리스트	72

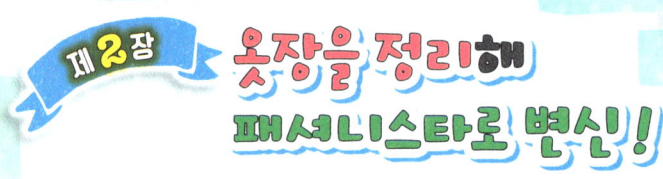

제 2 장 옷장을 정리해 패셔니스타로 변신!

| 만화 『멋내기의 시작도 정리에서부터』 ········· 74
| 패션 아이템 정리하는 법 ················· 78
| 정리하는 법 ❶ 옷걸이에 건다 ··············· 80
| 정리하는 법 ❷ 개어서 서랍장에 넣는다 ········· 82
　　　　(티셔츠◇후드티◇경량 패딩◇바지◇트레이닝 바지◇브래지어◇손수건◇양말)
| 패션 아이템 이름을 알아 두자! ·············· 92
| ✎ 내 아이템 체크리스트 ················· 94
| 입는 옷·안 입는 옷을 체크하자! ·············· 96
| 꼭 필요한 아이템을 고르는 법 ·············· 98

최강 패션 코디

걸리시·트렌드 스타일　봄 여름 ················ 100
　　　　　　　　　　　가을겨울 ················ 102
캐주얼·스포츠 스타일　봄 여름 ················ 104
　　　　　　　　　　　가을겨울 ················ 106
멋진 보이시 스타일　　봄 여름 ················ 108
　　　　　　　　　　　가을겨울 ················ 110
성숙한 내추럴 스타일　봄 여름 ················ 112
　　　　　　　　　　　가을겨울 ················ 114

상황별 코디도 함께 알아 두자! ……………………………… 116
나만의 이상적인 패션 계획을 세워 보자! ………………… 120
　🔵 귀엽고 트랜드한 스타일 ……………………………… 122
　🔵 쾌주얼한 스포츠 스타일 ……………………………… 123
　🔵 멋진 보이시 스타일 …………………………………… 124
　🔵 성숙한 내추럴 스타일 ………………………………… 125
패션 아이템 손질하기 ………………………………………… 126
　🔵 빨래를 직접 해 보자! ………………………………… 130
　Q & A 「패셔니스타」 …………………………………… 134
이제 안 입는 옷을 새롭게 만들어 보자! …………………… 140

제3장 방을 꾸며서 꿈꾸던 내 방 완성!

만화 『멋진 방을 기대하며』 ………………………………… 144
멋지게 변신! 방을 꾸미고 장식해 보자! …………………… 148
　🔵 방 꾸미기의 규칙 ……………………………………… 150
컬리 스타일 …………………………………………………… 154
내추럴 스타일 ………………………………………………… 155
팝 스타일 ……………………………………………………… 156

스타일리시 스타일 ··· 157

비치 스타일 ··· 158

북유럽 스타일 ··· 159

지금 있는 환경에서 이상적인 방을 만들어 보자! ············ 160
(혼자쓰는 방◇자매와 함께 쓰는 방◇장판이 깔린 방◇자기 방이 없을 때)

색이 지닌 힘을 알아보자! ··· 164

　🌙 행운을 부르는 색 ·· 166

방을 예쁘게 꾸며 보자! ·· 168

　♪ 간단 벽 꾸미기 ·· 169

　♪ 마음에 드는 가랜드 ··· 170

　♪ 추억 월포켓 ··· 171

　✏ 이상적인 방을 계획하기 ··· 172

내 방을 정리하자! ··· 174

수납 소품을 핸드 메이드 & 리메이크로 ·························· 178
(테이프만 붙여 꾸미는 박스◇봉제인형 해먹◇바구니 가방 수납함◇자기만의 색상 박스◇액세서리 보드)

내방을 청소하자! ··· 184

　🌙 방별 청소기 사용 방법 ·· 186

　🌙 조금만 청소해도 방이 항상 반짝! ······························· 187

집안에도 관심을 가져보자! ··· 188

친구를 초대해 보자! ·· 192

이럴 땐 어떻게 할까!? Q & A 「방꾸미기」	194
향기로 나만의 공간으로	198

제4장 내 주변을 항상 깔끔하게 유지하는 법

만화 『목표는! 깔끔한 소녀 되기』	200
바른 습관을 길러보자!	204
소중한 물건 점검하기	206
학교나 밖에서도 깔끔하게	207
내일의 준비물 리스트	208
내일의 체크리스트	209
파우치에 넣어두면 좋은 물건들	210
파우치 속 내용물 체크리스트	211
밖에서도 정리의 규칙을 지키자!	212
계획을 잘 세우는 방법	214
플래닝 캘린더	216
이럴 땐 어떻게 할까!? Q & A 「바른 습관」	218

정리를 하면 이런 좋은 일이 생겨♡

'왠지 잘 안 되네' 하는 때가 있지? 어쩌면 정리를 하면 달라질지도 몰라!

엣!? 정리만 해도 그렇게 달라진다고? 고민도 사라질 수 있을까?

1. 방이 깨끗해지면 마음도 몸도 함께 건강해져!

방이 정리되어 있으면 마음도 몸도 편안해지고, 다음 날에도 힘이 나. 밤에는 푹 잘 수 있고, 아침에는 상쾌하게 일어날 수 있어. 아침에 일어났을 때 졸리고 멍한 기분이 드는 일도 없어질 거야.

2 자신과 마주할 수 있어!

정리가 잘 되어 있고 차분한 공간이라면, 자기 마음과 천천히 마주할 수 있는 시간이 생길 거야.
그러면 자신이 좋아하는 것, 소중하게 생각하는 것이 무엇인지 알게 될 거야.

3 시간을 알차게 쓸 수 있어!

정리가 잘 되어 있으면 "어, 그거 어디 갔지?" 하고 찾을 일이 없어지고, 서두를 필요도 없게 돼.
그만큼 마음의 여유가 생기고, 더 느긋하고 편안한 시간을 보낼 수 있을 거야.

 **생각을 정리하며 차분히 판단할 수 있게 돼!**

정리는 순서를 정해 차근차근 하는 거야. 정리를 잘하게 되면 평소에도 일의 순서를 정하고, 머릿속으로 생각을 정리할 수 있게 돼. 정리하는 습관이 몸에 배면 어떤 일이 생겨도 괜찮아! 침착하게 생각할 수 있게 되거든.

하지만 원래는 내가 말을 잘못했었다.

그래서 ○○이 화가 나버린 거구나.

내가 먼저 사과하자.

  **공부가 술술 잘 돼!**

책상이 깔끔하고 깨끗하면 앉아 있는 것도 즐거워져. 무엇이 어디에 있는지 바로 알 수 있으니까 프린트를 잃어버리거나 숙제를 깜빡하는 일도 없을 거야. 게다가 깨끗한 방은 집중력도 높여 줘서 공부나 취미 활동이 훨씬 잘될 거야.

아직 더 있어! 이렇게 좋은 일도 있어!

여유가 생긴다

시간과 공간에 여유가 있으면 마음에도 여유가 생겨, 차분한 기분으로 지낼 수 있다.

자신감이 생긴다

물건을 잊어버리지 않고 공부도 잘 진행되면, 마음도 함께 성장할 거야. 스스로에게 자신감도 생기겠지.

목표를 이뤘을 때의 기쁨

계획을 세우고 그대로 실천해낼 수 있으면 "목표를 이루었다!"라는 기쁨과 함께 자신감으로 이어져.

책상이 정리됐다!!!

친구가 늘어난다

깨끗한 방에서 지내면 주변 정리도 자연스럽게 잘하게 돼. 친구들에게도 좋은 인상을 줄 수 있지♡

늘 멋지다!

정리를 하면 이렇게 좋은 일이 많구나! 나도 한번 열심히 해볼래!!

오, 의욕이 생겼네! 그럼 우선 정리를 시작하기 전에 너의 타입을 알아두자. 다음 페이지의 차트를 확인해 봐!

옷이 적어서 계절이 바뀌어도 옷을
갈아입을 필요가 없다.

너는…
버틀러형
20 페이지!

사용한 물건은 바로 제자리에
둘러놓을 수 있다.

너는…
메이드형
22 페이지!

의욕이 생기면 한 번에 물건을
정리하고 버릴 수 있다.

너는…
프린세스형
24 페이지!

버릴지 망설여질 때는 일단
남겨둔다.

너는…
페어리형
26 페이지!

버틀러 너의 타입은?

항상 열심히 하지만, 너무 착해서 정리를 잘 못하는 걸까?

성격
좋아하는 건 좋아하고, 싫은 건 싫어!!

입버릇
이거, 필요해?

물건은?
쉽게 놓을 수 있는 타입
사용한 뒤 제자리에 돌려놓을 수 있다.

다이소에서는…
갖고 싶지 않다면 사지 않는다!!

집에서는…
- 쓰레기를 버리는 건 잘하지만, 아무 생각 없이 이것저것 던져 버리곤 한다.
- 거실이나 주방이 지저분하면 금세 짜증이 난다.

 ## 버틀러 타입은

단점
- 너무 꼼꼼해서 가족이나 친구들이 따라가기 힘들 때도 있다.
- 조금은 자기 중심적인 편이다.

장점
- 자신의 취향이 뚜렷해서 필요한 것 외에는 사지 않는다.
- 쿨한 성격으로, 결정을 내릴 때도 크게 고민하지 않는다.

이렇게 하면 Good!

- 원래 물건이 적기 때문에 수납 공간도 많이 필요하지 않아. 아무것도 넣지 않는 빈 공간도 만들어 두자!
- 자신이 좋아하는 옷만 입기 때문에, 옷의 개수를 늘리지 말고 코디를 바꿔 입는 법을 배워 보자!

이 책의 추천 페이지
▲ 꼭 필요한 아이템을 고르는 법··· **98페이지**
▲ 자신의 방을 정리하는 법··· **174페이지**

다른 페이지들도 읽어봐!

메이드 타입은

▶ 무엇을 하든 시간이 오래 걸린다.

▶ 실패가 두려워서 쉽게 도전하지 못한다.

▶ 신중해서 충동구매를 하지 않는다.

▶ "더 좋은 방법이 있을지도 몰라" 하고 깊이 생각할 수 있다.

이렇게 하면 Good!

- 사기 전에 잠깐 멈춰서 '정말 쓸까?', '보관할 곳이 있을까?'를 생각해 보자.
- '친구를 집에 초대하자'처럼 목적이 있으면 한 번에 정리할 수 있으니까, 무언가 목표를 세워보는 게 좋아.

이 책의 추천 페이지

▲ 불필요한 물건은 과감히 버리자! … 58페이지

▲ 효율적으로 계획을 세우는 방법 … 214페이지

다른 페이지들도 읽어봐!

프린세스 너의 타입은?

갖고 싶은 건 뭐든 다 사버리는 공주님. 그런데 정말 잘 쓰고 있니?

집에서는…
- 어쨌든 여기저기에 물건이 잔뜩 있다.
- 무언가 하고 싶어지면 밤중이라도 갑자기 행동할 만큼 추진력이 있다.

입버릇
할 땐 하는 거야!

성격
행동력이 있고 반응이 빠르다.

다이소에서는…
마음에 드는 건 바로 사지만, 금세 버려버리는 일도 있다!?

물건은?
쉽게 놓을 수 있는 타입
사용한 뒤에 제자리에 돌려놓지 못한다.

프린세스 타입은

단점
- 갖고 싶은 것은 꼭 손에 넣지만, 흥미가 식으면 금세 버린다.
- 평소에는 게으른 편이다.

장점
- 정리나 공부도 "좋아, 해보자!" 하고 마음먹으면 집중해서 잘할 수 있다.
- 유행에 민감하다.

이렇게 하면 Good!

- 물건을 사기 전에 잠깐 멈춰서 '정말 필요한 걸까?', '보관할 자리는 있을까?'를 생각해 보자.
- '친구를 집에 초대하자'처럼 뚜렷한 목적이 있으면 한 번에 정리를 끝낼 수 있으니까, 무언가 목표를 정해두면 좋아.

이 책의 추천 페이지

▲ 이상적인 패션 플랜을 세워보자! … **120페이지**

▲ 친구를 초대해보자! … **192페이지**

다른 페이지들도 읽어봐!

페어리  너의 타입은?

항상 최선을 다하지만, 너무 마음이 약해서 정리를 잘 못하는 거 아닐까?

입버릇
언젠가는 분명…

성격
주변의 영향을 쉽게 받지만, 마음이 따뜻하다.

물건은?
쉽게 못 놓는 타입
원래 있던 자리에 돌려놓지 못한다.

집에서는…
- 물건마다 추억이 담겨 있어서 버리지 못한다.
- 깨끗이 정리하고 싶은데 잘 되지 않는다.

다이소에서는…
필요하지 않은 물건까지 덜컥 사버린다. '언젠가 쓸지도 몰라…' 하고 생각해서 좀처럼 버리지 못한다.

단점
- 다른 사람의 영향을 쉽게 받는다.
- 물건을 버리거나 정리하는 것도 서툴다.

장점
- 매우 상냥하고 물건에도 애정을 가질 수 있다.
- 언제나 최선을 다하는 사랑받는 타입이다.

이렇게 하면 Good!

- 버리지 못하는 추억의 물건은 사진으로 남기고 정리하자.
- 정말 소중히 사용할 수 있을지 잘 생각한 후에 구입하자.

이 책의 추천 페이지

▲ '고민 중'인 물건은 어떻게 할까? … 46페이지

▲ 수납 소품을 직접 만들거나 리메이크해보자 … 178페이지

다른 페이지들도 읽어봐!

깨끗함을 유지하는 정리 5원칙

자신의 타입을 알았지? 이제는 모두에게 공통으로 도움이 되는 정리의 요령을 알려줄게!

1 가장 중요한 건 '다시 제자리에 두는 것'

파일박스에 세워 두자.

정리에서 가장 중요한 건 사용한 뒤 제자리에 돌려놓는 거야. 자주 쓰는 물건은 꺼내기 쉽고 다시 넣기도 편한 곳에 두자. 돌려놓기 귀찮지 않은 위치가 가장 좋아. 예를 들어 프린트물은 서랍 속에 넣기보다 투명 파일에 끼워 파일박스에 세워 두면 쉽게 꺼내고 바로 정리할 수 있어.

2 동작을 줄이자!

예를 들어 액세서리를 봉투에 넣고 또 파우치에 넣는 식으로 하면 꺼내고 넣는 동작이 너무 많아지지? 이렇게 동작이 많아지면 정리가 귀찮아져서 금세 어질러지기 쉬워. 정리할 때는 가능한 한 동작을 줄이도록 하자.

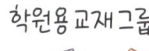

 물건의 그룹을 정하자!

'학교 그룹', '학원 그룹', '취미 그룹'처럼 사용하는 장소와 목적에 따라 물건을 나누어 보자. 보관하는 장소도 그 기준에 맞춰 두면, 각 상황에서 물건을 잊지 않고 챙길 수 있을 거야.

 **자신의 변화를 알아차리자!**

지금 너는 마음도 몸도 빠르게 자라나는 시기야. 키가 커지면서 책상이나 의자가 맞지 않게 될 수도 있고, 가지고 있는 물건도 점점 많아질 거야. 그런 자신의 변화를 잘 알아차리고, 그에 맞게 수납 방법도 함께 바꿔 보자.

 **아무것도 없는 공간을 만들어 보자!**

정리할 때는 일부러 아무것도 넣지 않은 공간을 만들어 두는 걸 생각하자. 그렇게 하면 물건을 꺼내고 넣기 쉬울 뿐 아니라, 나중에 물건이 늘어나도 쉽게 정리할 수 있어.

공간이 있으면 괜히 뭔가 넣고 싶어지지만, 비워두는 것도 괜찮구나!

맞아! 너무 꽉꽉 채워 넣으면 다시 넣기 어려워지고, 결국 정리를 못 하게 돼.

등장인물 소개

이 책에 나오는 등장인물들을 소개할게!

지현

정리를 잘 못하는 초등학교 4학년 여자아이. 요즘 일이 잘 안 풀려서 조금 풀이 죽어 있다. 예쁜 옷과 예쁜 방에 동경심을 가지고 있다.

로보

수수께끼의 청소 요정. 정리를 잘 못하는 지현에게 조언을 해 주는 존재.

준우

지현이가 조금 신경 쓰이는(호감이 있는) 반 친구.

나은

지현의 친구. 만화와 패션을 좋아한다.

4타입 친구들

버틀러

물건을 잘 버리고 제자리에 정리할 줄 아는 정리 고수 타입.

메이드

물건은 버리지 못하지만 깔끔하게 정리해 두는 정돈형 타입.

프린세스

필요 없는 것까지 사서 감당하지 못하는 쇼핑형 타입.

페어리

물건을 버리지 못하고 정리도 못 하는 정리 초보 타입.

정리하기 전 준비!

먼저 정리를 시작하기 전에 준비를 하자. 옷이나 필요한 물건은 집에 있는 걸로 괜찮아!
더러워져도 되는 걸로 입고 하자.

정리 스타일에 맞게 준비할 물건들

묶은 머리
머리가 긴 친구는 묶거나 정리해서 방해되지 않게 해 줘!

마스크
집 안에서도 먼지가 날리기 쉬우니까 마스크를 써야 해.

긴팔 티셔츠
트레이닝복이나 티셔츠처럼 움직이기 편하고, 조금 더러워져도 괜찮은 옷이 가장 좋아. 소매를 쉽게 걷을 수 있는 옷이면 더 좋고, 앞치마를 해도 좋아.

두꺼운 양말
정리할 때 깨진 물건이나 쓰레기를 밟아서 다치지 않도록 두꺼운 양말을 신어 줘. 슬리퍼는 움직이기 불편하니까 피하는 게 좋아.

스웨트팬츠나 레깅스
치마보다 움직이기 편한 바지를 추천해! 청바지 같은 것도 괜찮아. 활동하기 좋고, 조금 더러워져도 괜찮은 옷을 입어 줘.

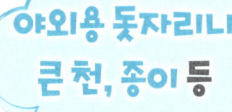

야외용 돗자리나 큰 천, 종이 등

정리를 시작할 때(42쪽) 한 번에 물건을 전부 꺼낼 때 사용해. 꺼낸 물건이 잘 보이도록 밝은 색이나 무늬가 있는 걸로 준비하자.

큰 종이봉투나 상자 3개 + 매직펜 등

물건을 분류할 때 사용할 거야. 세 가지로 나눌 때 쓸 매직펜이나 메모지도 함께 준비해 두자!

정리를 모두 끝냈다면 이제 필요 없는 물건을 버리자. '타는 쓰레기', '타지 않는 쓰레기', '책·잡지'처럼 사는 지역의 분리수거 방법을 집에 있는 어른에게 물어보는 것도 잊지 마!

규칙 1 책상 주변에서 불편한 점을 체크해 보자!

'무엇이 가장 불편한지', '어떻게 하면 해결할 수 있을지'를 스스로 체크해 보자!

무엇이 불편한지 스스로 알아두자

'책상 위에 숙제를 펼칠 수 없다', '서랍이 열리지 않는다'처럼 어떤 점이 불편한지 40쪽의 리스트에 적어 두자. 가장 불편한 것부터 하나씩 해결해 나가면 좋아.

어, 왜 양말이…!?

먼저 책상 위를 깨끗하게 정리하고 싶어.

책상 위가 정리되지 않으면 숙제도 못 해.

한번 전부 꺼내서…

어떻게 해결할 수 있을까?

책상 위에서 숙제를 못 하겠다.

▲ 위에 물건이 너무 많아서
▲ 위의 물건을 치우면 돼
▲ 서랍에 넣어 두자

이렇게 해결 방법을 생각해 보자.

신경 쓰인 점이나 해결 방법을 메모해 두면 좋아 ★

제 1 장 책상 정리부터 산뜻하게 시작!

NG 이런 책상은 공부할 기분이 안 나지!

NG 책상 주변
만화책 옆에 교과서처럼 용도가 다른 물건이 뒤섞여 있다.

NG 책상 위
공부와 관계없는 물건이 있고, 필요한 것을 펼칠 수 없을 만큼 물건이 가득 쌓여 있다.

NG 스탠드 조명
불을 켜도 왠지 어두워. 또는 전구가 나가 있다.

NG 크기
책상이나 의자의 크기가 작다.

NG 서랍
서랍에서 물건이 튀어나오거나, 열고 닫는 것이 부드럽게 되지 않는다.

불편한 점 체크리스트

책상 주변에서 불편한 점이 있다면 아래에 적어보자!

책상 위

💗 (예) 공책이나 교과서를 펼칠 수 없다.

서랍

💗 (예) 서랍 두 번째 칸이 열리지 않는다.

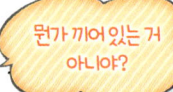
뭔가 끼어 있는 거 아니야?

책상의 크기 등

❤ (예) 의자가 작아서 앉아 있으면 피곤하다.

책상 주변

❤ (예) 공부와 관계없는 물건이 많아서 집중이 안 된다.

> 만화책이 바로 옆에 있어?

자유롭게 힘들거나 고민되는 일을 적어보자. 공간이 부족하면 집에 있는 어른에게 말해서 복사해서 써도 돼.

제1장 책상 정리부터 산뜻하게 시작!

규칙 2 모두 꺼내기

정리의 첫걸음은 '모두 꺼내는 것'이야.
내가 어떤 물건을 얼마나 가지고 있는지 한 번 확인해 보자.

내가 어떤 물건을 가지고 있는지 알아 두기

먼저 바닥에 야외용 돗자리(천이나 종이도 괜찮아)를 깔자. 그 위에 책상 주변의 물건을 전부 꺼내 보자. 내가 어떤 물건을 얼마나 가지고 있는지 아는 게 중요해. 여기저기 흩어져 있던 물건도 시트 위에서는 문구류는 문구류끼리 이렇게 종류별로 모아 두자.

있어있어 사용하지 않는 물건까지 나왔다.

있어있어 같은 물건이 두 개나 세 개나 있다.

있어있어 잉크가 나오지 않는 펜이 잔뜩 있다.

있어있어 예전에 쓰던 학용품

그룹별로 꺼내도 OK

시트가 작거나 방에 펼치기 어렵다면 '문구류 그룹', '공부와 관계없는 그룹'처럼 그룹으로 나눠서 꺼내도 괜찮아. 여러 장의 종이를 펼쳐서 한 장마다 그룹을 나누어 정리해도 좋아.

필요 없는 것은 버리기

잉크가 나오지 않는 펜이나 다 쓴 마스킹테이프의 심처럼, 누가 봐도 쓸 수 없는 것은 버리자. 버릴 때는 쓰레기 분리수거도 잊지 말고 주의하자(37쪽 참고).

큰 쓰레기는 나중에 분리해서 한꺼번에 버리자. 여기서는 '누가 봐도 쓰레기인 것'을 버리는 거야!

제1장 책상 정리부터 산뜻하게 시작!

규칙 3 분류하기

정리할 때 가장 중요한 단계가 바로 '분류하기'야.
책상 주변뿐 아니라 모든 정리에서 꼭 해 두어야 하는 과정이야.

'필요한 것', '필요 없는 것', '고민 중인 것' 세 가지로 나누기

37쪽에서 준비한 세 개의 상자나 종이봉투를 이용해서 '필요한 것', '필요 없는 것', '고민 중인 것'으로 나누자.

'필요한 것'은 나에게 꼭 필요한 물건이나 좋아하는 물건이라고 생각하면 돼. 고민될 때는 '고민 중' 상자에 넣어 두자.

어떻게 나눌지 헷갈릴 때는?

'필요한 것=꼭 필요한 물건'은 지금 사용하고 있는 것, 앞으로 사용할 것, 그리고 내가 좋아하는 것이야. 아래 표도 함께 참고해 봐.

필요한 것	지금 사용하고 있는 물건, 앞으로 사용할 예정이 있는 것, 취미용품, 내가 좋아하는 것, 추억이 담긴 버리기 어려운 물건 등.
필요 없는 것	지금까지도, 지금도 사용하지 않는 물건, 사용할 예정이 없는 것, 더 이상 좋아하지 않는 것, 두 개 이상 가지고 있는 것, 이미 사용할 수 없는 물건.
고민 중인 것	학년이 바뀌어서 사용하지 않는 교과서나 학습 자료, 좋아하지는 않지만 아까워서 버리지 못한 물건, 손수 만든 물건, 미술 시간의 작품, 선물받은 물건 등(46쪽도 함께 보자).

분류하는 중에는 쓰레기를 바로 버리지 않아도 OK

'필요 없는 것'은 지금 당장 버리지 않아도 괜찮아! 나중에 더 생길 수도 있고, 쓰레기는 분리해서 버려야 하니까. 그리고 '필요 없는 것=쓰레기'는 아니라는 것도 꼭 기억해 둬!

타는 쓰레기

'고민 중'인 물건은 어떻게 할까?

'고민 중' 상자에 넣은 물건은 그냥 두지 말고, 1년 안에 사용했는지 안 했는지를 떠올려서 다시 나눠 보자. 그래도 도저히 결정하기 어렵다면 '고민 중' 상자에 그대로 보관해도 괜찮아. 하지만 학기마다 한 번씩 다시 꺼내서 '필요한 것'인지 '필요 없는 것'인지 생각해 보자.

망설일 때 체크 차트

1년 이내에 사용했다

- 아니요 → 쓰지는 않지만 좋아하고, 추억이 있다
- 네 → '필요한 것'으로 분류해서 정리하자!

쓰지는 않지만 좋아하고, 추억이 있다

- 아니요 → 필요 없는 것은 버리거나, 누군가에게 주는 등으로 정리하자. 정리가 끝나면 58쪽을 보자. 필요한지 아닌지 잘 모르겠다면 왼쪽 페이지의 표를 참고해 봐.
- 네 → '추억 전용' 상자에 보관하자! 도저히 결정할 수 없을 때는 '추억 전용' 상자를 만들어 두는 것도 좋아. 사진을 찍어서 보관하는 방법도 괜찮다. 상자는 정기적으로 꺼내서 다시 분류해 보자.

'추억 전용 상자'가 너무 많아지면, 소중한 순서를 정해서 정리하자!

제 1 장
책상 정리부터 산뜻하게 시작!

이건 어떻게 해야 할까?

교과서	● 지금 학년과 이전 학년의 교과서 ▶ 필요함 ● 지도책, 드릴 등 앞으로도 사용할 수 있는 자료 ▶ 필요함 ● 미술 등 이전 학년에서도 다시 보지 않는 교과서 ▶ 필요 없음
노트	● 지금 학년의 노트 ▶ 필요함 ● 앞으로도 예습·복습할 때 다시 볼 노트 ▶ 필요함 ● 다 쓴 자유장·한자 연습장 ▶ 필요 없음
시험지	● 지금 학년의 시험지 ▶ 필요함 ● 이전 학년의 시험지 (복습을 끝내고 내용을 이해했다면) ▶ 필요 없음
작품	● 간직하고 싶은 잘 만든 작품 ▶ 필요함 ● 망가져 버린 작품 ▶ 필요 없음 ● 작품이나 손으로 만든 것은 사진으로 남기고, 실물은 정리해도 좋아

아깝다고 다 남기고 싶지만 ... 넣어 둘 공간이 있는 만큼만 하자.

나에게 중요한 건 설레는지, 설레지 않는지야♡

상자 하나만 정해서, 더 늘어나지 않게 하자...

나는 고민하지 않아. 정말 좋아하는 것만 남길 거야.

규칙 4 정리해서 넣기

'필요한 물건'을 정했다면 이제 드디어 정리해서 넣을 차례야.
하지만 잠깐만! 넣기 전에 먼저 해야 할 일이 있어.

사용하는 상황별로 그룹 나누기

내가 물건을 사용하는 상황이나 목적에 따라 그룹을 나눠 보자. 예를 들어 아래 네 가지처럼 말이야. 이 밖에도 '학원·취미 그룹', '집에서 공부 그룹'처럼 나눠도 좋아!

연필, 펜, 지우개, 가위, 풀, 마스킹테이프, 스테이플러 등 문구류

교과서, 공책, 참고서뿐만 아니라 바느질 상자 등 학용품

헤어핀, 액세서리, 머플러 등 패션과 관련된 물건들

취미가 많은 사람은 '만화', '손공예'처럼 종류별로 나누어 정리한다.

물건의 자리를 정하기

그룹으로 나눴다면 이제 어디에 둘지 '장소'를 정해 두자. 같은 그룹의 물건은 같은 자리에 두는 게 좋아. 그리고 필요하다면 학교 그룹 안에서도 학용품 그룹은 별도로 더 세분화해서 나눠도 괜찮아. 아래는 예시이니, 자신의 책상이나 가구에 맞게 정해 보자.

- **학교 그룹** 책상 서랍(학용품은 선반)
- **문구 그룹** 책상 서랍
- **패션 그룹** 옷장
- **취미 그룹** 책장, 수납박스
- **집공부 그룹** 책상 위
- **학원 그룹** 책상 옆

'책상 주변에는 공부와 관련된 것만 두기!'라고 정해 두어도 좋아!

두 개 이상 있는 물건은 어떻게 할까?

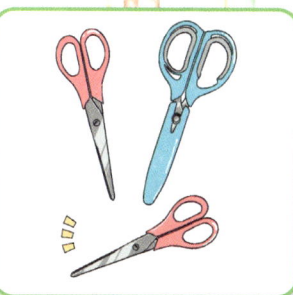

가위나 스테이플러처럼 하나만 있어도 되는 물건은 가족이나 형제자매에게 필요한지 물어 보자. 지우개나 공책처럼 쓰다 보면 없어지는 물건은 여분으로 따로 보관해 두면 좋아.

책상 위·앞

정리할 위치를 정했다면, 먼저 책상 위부터 시작하자!
공부와 상관없는 물건을 그대로 올려두고 있지 않아?

◇ **책상 위에는 가능한 물건을 올려두지 않는다**

책상 위는 숙제 프린트나 노트북 등을 언제든 펼칠 수 있도록 비워 두자. '취미 그룹'이나 '패션 그룹'의 물건은 올려두지 않도록 하자.

◇ **눈앞에는 매일 사용하는 물건만 두자**

책상 앞의 벽처럼 늘 눈에 들어오는 곳에는 매일 봐야 하는 것들을 두자. 프린트나 메모, 시간표는 화이트보드나 파일 꽂이에 정리해 두면 좋아.

프린트물은 투명 파일에 넣어서 언제든 볼 수 있게 하자!

책상 위는 사용이 끝나면 자기 전에 매일 정리하자!

제 1 장 책상 정리부터 산뜻하게 시작!

기분이 올라가는 책상 주변은 바로 이렇게!

자석이 붙는 화이트보드나 코르크보드에 매일 봐야 하는 시간표, 프린트, 메모 등을 붙여 두자. 화이트보드라면 직접 적어 둘 수도 있어.

스탠드는 글씨를 쓰는 손의 반대쪽에 두자.

책상 위에는 매일 사용하는 교과서만 올려두자.

나은에게 만화책 돌려주기

지금 하고 있는 것만 책상 위에 올려두자. 다 썼다면 정해 둔 자리로 돌려놓자.

펜 같은 문구류는 매일 쓰는 것만 책상 위에 두고, 나머지는 서랍에 정리하자.

노트북이나 태블릿은 언제든 바로 열 수 있게 준비해 두자.

책상 서랍을 잘 활용해서 깔끔하게 정리해 보자!

서랍에 물건을 너무 많이 넣어서 열리지 않거나, 뭐가 어디에 있는지 모를 때가 있지? 서랍 안도 무엇을 어디에 넣을지 정하고(49쪽 참고) 정리하자. 정리할 때는 자주 쓰는 물건을 꺼내기 쉬운 앞쪽에 넣는 게 좋아. 서랍의 크기나 개수는 책상마다 다르니까, 내 책상에 맞는 정리 방법을 찾아보자.

 서랍 정리 예시

어디에 무엇을 넣으면 좋은지, 다음 쪽에서 자세히 소개할게!

- ① 맨 위 서랍
- ④ 깊은 서랍
- ② ③ 중간 서랍
- ⑤ 위쪽의 얕은 서랍

※ ①~④번 서랍이 움직일 수 있다면, 주로 쓰는 손 쪽에 두는 게 좋아. 오른손잡이라면 오른쪽에 두자.

1 맨 위 서랍

맨 위 서랍은 가장 자주 쓰는 물건을 넣는 서랍이야. 매일 사용하는 문구류는 책상 위에 두고, 그 외에 자주 쓰는 문구류는 이 서랍에 넣자.

- 연필, 펜 종류
- 지우개
- 가위, 자, 커터칼
- 마스킹테이프, 투명테이프
- 풀, 스테이플러, 클립, 컴퍼스 등

위에서 본 그림

 손잡이 쪽

◇ 칸막이를 잘 활용하자

서랍 안에서 다른 종류의 물건이 섞이지 않도록 칸막이를 사용하자. 집에 있는 빈 상자나 두꺼운 종이를 이용해도 좋아. 물건이 겹치지 않게 넣고, 깊은 서랍에는 북엔드를 활용해도 좋아.

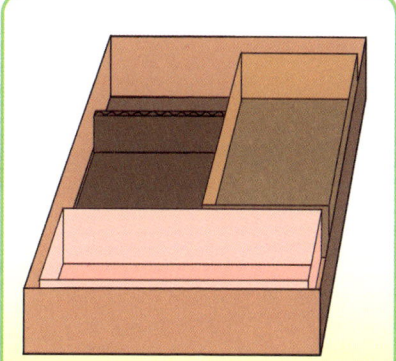

칸막이는 다이소 같은 곳에서도 많이 팔지만, 너무 많이 사용하면 오히려 수납 공간이 줄어드니까 주의해야 해! 헛되이 사지 않도록 꼭 사이즈를 잘 재고 나서 사러 가자.

2 중간 서랍

가운데 위쪽 서랍에는 ❶번 서랍(53쪽 참고)에 다 들어가지 않은 문구류를 넣자.

- 색연필 세트, 컬러펜 세트
- 메모장, 포스트잇 등

위에서 본 그림

다 들어가지 않을 때는 정말 필요한 물건인지 한 번 더 생각해 보자!

위에서 본 그림

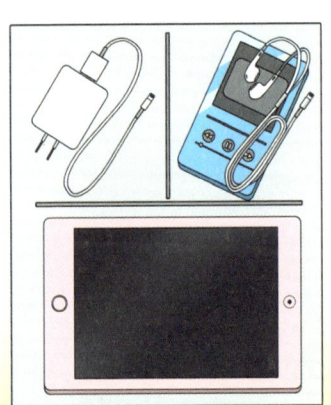

3 중간 서랍

항상 사용하는 건 아니지만 소중한 물건을 넣어 두자.

- 태블릿
- 음악 플레이어와 이어폰
- 예비 충전기 등
- 지갑
- 일기장 등을 넣어도 좋아

4. 깊은 서랍

깊은 서랍은 물건을 세워 넣기에 딱 좋아. 프린트 같은 종이류나 노트, 사전 등을 여기에 넣자. 칸막이가 없다면 칸막이 스탠드나 북엔드를 사용해. 물건을 쌓을 때는 무너지지 않게 주의하자!

위에서 본 그림

- 시험지와 프린트물은 종류별로 파일이나 바인더에 넣어 정리한다.
- 노트는 파일 케이스에 넣는다.

5. 위쪽의 얕은 서랍

앉았을 때 배 쪽에 오는 얕은 서랍은 의외로 쓰기 불편한 곳이야. 서랍의 앞부분만 사용하기 편하니까, 뒤쪽에는 잘 쓰지 않는 물건을 넣거나 비워 두어도 괜찮아.

위에서 본 그림

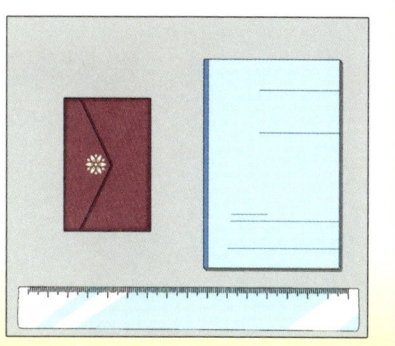

- 새로 사 둔 여분의 문구류 등
- 편지 세트 등

서랍을 쓰기 편하게 정리해서 숙제를 끝내면 바로 정리할 수 있도록 하자!

책상 옆·아래

책상 옆이나 아래는 아이디어에 따라 훌륭한 수납공간이 될 수 있어.
여기에서도 '물건의 위치'를 정한 뒤에 넣어 두자.

조금만…

◇ 책상 옆에는

책상 옆, 앉았을 때 눈에 잘 보이는 곳에는 놀이용이나 취미용 물건을 두지 말자. 공부할 때 집중이 흐트러질 수 있어. 미리 그룹을 나눠서 잘 정리해 두자.

◇ 훅을 활용

책상 옆에 빈 공간이 있다면 후크를 달아서 활용해 보자. 자석형, 강력 접착형, S자형 등 여러 가지 종류가 있어. 접착형 중에는 '깨끗이 떼어낼 수 있는 타입'도 있어서 나중에 떼어낼 때도 안심이야. 평소 가방을 거는 용도로도 좋고, 물건을 에코백에 넣어서 걸어두는 수납법으로도 쓸 수 있어.

후크에 걸 수 있는 무게에는 한계가 있으니까, 꼭 확인하고 사용하자.

◇ **그물망을 사용해도 좋아!**

책상 옆이 벽이라면 와이어망을 설치하는 것도 좋아. 클립으로 메모나 달력을 고정하거나 펜꽂이를 걸 수 있고, 이어폰이나 작은 소품들도 걸어둘 수 있어.

◇ **책상 아래에는**

책상 아래는 매일 쓰지 않고 가끔만 사용하는 물건을 보관하기에 좋아. 선반이 있다면 학기 말에 집으로 가져온 학교 준비물(물감 세트나 바느질 세트 등)을 두는 장소로 쓰자. 선반이 없다면 바퀴 달린 상자에 만화책 등을 넣어 두면 편리해. 의자에 앉았을 때 다리에 부딪히지 않도록 놓는 위치도 잘 조정하자.

규칙 5 필요 없는 물건은 정리해서 버리자!

'필요 없는 것 = 쓰레기'는 아니야! 다시 쓸 수 있는 물건도 있지.
쓰레기도 꼭 종류별로 나누어서 버리자.

필요 없는 물건을 한 번 더 나누기

필요 없는 물건 중에는 재활용할 수 있는 것도 있어. 쓰레기는 한꺼번에 버리지 말고 종류별로 나누어 버리자. 사는 지역마다 분리수거 규칙이 다르니까, 집에 있는 어른에게 꼭 물어보자.

☆ 재활용 쓰레기
- 잡지
- 병, 캔
- 골판지 상자
- 포장지
- 과자 등의 종이상자
- 프린트물 등 종이류

☆ 재활용품
- 찢어지지 않고 깨끗한 책이나 만화책
- 고장 나지 않은 전자제품이나 장난감
- 작아진 옷
- 깨끗한 상태의 문구류나 인형 등

☆ 타지 않는 쓰레기
- 금속, 유리, 도자기
- 소형 전자제품
- 플라스틱류 등
  (플라스틱을 따로 분리하는 지역도 있음)

☆ 타는 쓰레기
- 종이 조각
- 천
- 얼룩이나 냄새가 밴 종이·상자 등

재활용품은 쓰레기가 아니니까 깨끗한 것이어야 하는 거구나!

재활용할 때는 어떻게 해야 할까?

어떤 물건이든 더럽거나 망가져 있으면 안 돼. 재활용하기 전에 꼭 다시 확인하자. 동생이나 친척에게 주거나, 바자회에 내거나, 기부할 때도 마찬가지야. 다음에 사용할 사람을 생각하는 마음이 가장 중요해.

반드시 어른과 함께 하자

당근마켓이나 중고 가게에 물건을 팔 때는 돈이 오가기 때문에 주의해야 해. 문제가 생길 수도 있으니까, 꼭 집에 있는 어른이나 보호자에게 상의하고 함께 하자.

쓰레기는 정해진 요일에 버리자

사는 지역마다 쓰레기를 버리는 날과 장소가 정해져 있어. 정해진 규칙을 잘 지켜서 버리자.

책가방과 가방도 정리하자!

책상이 깨끗해졌다면, 이제 책가방이나 가방 속도 확인해 보자!

가방 속 물건도 자리를 정해 두자

책가방이나 가방 안에도 무엇을 어디에 넣을지 '자리를 정해 두기' 하자. 자리를 정해 두면 '아, 손수건 안 넣었네!' 하고 바로 알아차릴 수 있어서 물건을 잊는 일이 줄어들 거야!

- 노트와 파일
- 물병·페트병
- 필통
- 교과서
- 열쇠
- 손수건·휴지

제 1 장 책상 정리부터 산뜻하게 시작!

투명 케이스

다이소에서 파는 투명이나 메쉬 케이스는 안에 뭐가 들어 있는지 한눈에 보여서 편리해. 크기도 다양해서 가방을 바꿀 때는 케이스째로 옮기면 돼.

클리어파일

마스킹테이프로 붙인다

'학교에 가지고 갈 파일'을 하나 정해 두고 매일 확인하자!(62쪽도 함께 봐) 클리어파일의 윗부분을 마스킹테이프로 막으면 파우치처럼 사용할 수도 있어.

안주머니

가방 안쪽 주머니도 '자기 자리' 중 하나야. 작은 물건을 넣을 자리를 미리 정해 두자.

클리어 파일로 깜빡하지 말자!

잊어버림을 막는 데는 클리어파일이 큰 도움이 된다. 색깔이 다른 클리어파일을 여러 개 준비해서, 용도에 맞게 정리해 두자.

부모님께 드릴 파일

'수업 참관 안내문'처럼 집에 가져가서 부모님께 드려야 하는 프린트나 시험지는 여기에 넣어 두자. 마스킹테이프에 파일의 용도를 유성펜으로 적어 라벨처럼 붙여 두면 한눈에 알아볼 수 있다. 또 부모님과 상의해서 파일을 보관할 장소와 전달할 시간을 함께 정해 두자.

전달할 것

항상 프린트를 건네주는 걸 자꾸 잊어서 곤란했는데, 이건 정말 편하네. 여기에 넣는 습관을 들이면 도움이 될 것 같아.

죄송해요. 이제부터는 '파일 전달 시간'이나 '파일 두는 장소'를 만들게요! 거실에 만들어보면 어떨까요?

'미완성 과제용' 파일

- 하던 숙제 프린트
- 오늘이나 내일까지해야하는 공부 노트
- 해야 할 일을 적은 메모 등 '언제까지 할 것인지' 날짜나 시간도 함께 적어 두고, 때때로 확인하자.

가져갈 것

내일 가져갈 파일

- 내일 제출할 숙제
- 부모님이 건네준 프린트
- 친구에게 돌려줘야 할 물건 등

하던 것

나는 이렇게 하고 있어!

해피큐트 독자의 소리

좋아하는 캐릭터의 스티커를 붙인다

나는 클리어파일에 내가 좋아하는 캐릭터 스티커를 붙여 두었어. 파일마다 캐릭터를 다르게 하면, 어떤 파일인지 더 쉽게 구분할 수 있어. (예나)

나는 이렇게 하고 있어!

해피큐트 독자의 소리

매일 밤 8시에 엄마에게 건네준다

나는 "전해 줄 파일"을 맨날 까먹어서(웃음) 매일 밤 8시 30분에 주기로 약속했어. 엄마가 줄 게 있을 때는 서로 교환하듯이 주고받아! (소현)

제1장 책상 정리부터 산뜻하게 시작!

정리할 때 있으면 편리한 문구류

가지고 있기만 해도 기분이 좋아지고, 정리나 분류할 때도 편리한 문구들을 소개할게! 여러 가지를 살펴보자 ♪

마스킹테이프

마스킹테이프는 클리어파일의 라벨로도 활용할 수 있어. 폭이 넓은 테이프에 유성펜으로 파일 안의 내용을 적어 붙이면 돼. 떼기도 아주 간단해. 글씨를 쓸 때는 무늬가 너무 화려하지 않은 테이프를 사용하는 게 좋아.

라벨에도 붙이기

메모장·포스트잇

해야 할 일이나 깜빡하기 쉬운 일은 메모지나 포스트잇에 간단히 적어서, 눈에 잘 띄는 보드 등에 붙여 두자. 메모에 적은 일을 끝냈다면 바로 버리면 돼. 마감기한이 있는 일이라면, 언제까지 해야 하는지도 함께 적어 두는 게 좋아.

제 1 장 책상 정리부터 산뜻하게 시작!

파일

프린트물 등은 클리어파일이나 바인더 파일에 넣어 두자. 마스킹테이프를 붙이거나, 좋아하는 캐릭터 스티커로 꾸며도 좋아.

세워서 쓸 수 있는 필통은 집에서도 그냥 펜꽂이로 사용할 수 있네!

필통

필통은 너무 많은 물건이 들어가지 않는 크기로 고르자. 그 편이 꼭 필요한 물건이 들어있는지 바로 확인할 수 있어. 더 이상 쓰지 않는 펜이나 지우개는 수시로 교체하자.

해피큐트 독자의 소리 — 나는 이렇게 하고 있어!

세워 쓰는 필통으로 펜을 골라서 사용해

세워서 쓰는 형태의 필통을 학교에서도 집에서도 사용하고 있어. 많이 들어가지는 않아서, 잉크가 다 떨어졌거나 더 이상 쓸 수 없는 펜은 확인하고 바로 버리게 되었어 ★ (예솔)

이럴 땐 어떻게 할까!? Q&A — 책상 주변

책상 주변과 관련된 고민을 해결해 줄게!

Q. 공부용 책상이 없어요.

자기만의 공부 책상이 없어서 식탁이나 거실에서 공부하고 있는데, 공부를 하고 있으면 "이제 밥 먹자, 정리해"라고 해서 곤란해요.

이걸로 해결!

A. '이동식 책상 세트'를 준비하자!

그때그때 사용할 공부 도구만 손잡이가 달린 박스나 케이스에 넣어서, 정리할 때도 그 안에 두자. 마치 도서관에서 공부할 때처럼 생각하면 돼. 자기 전용의 작은 이동식 서랍장을 꺼내서 사용하는 것도 좋아.

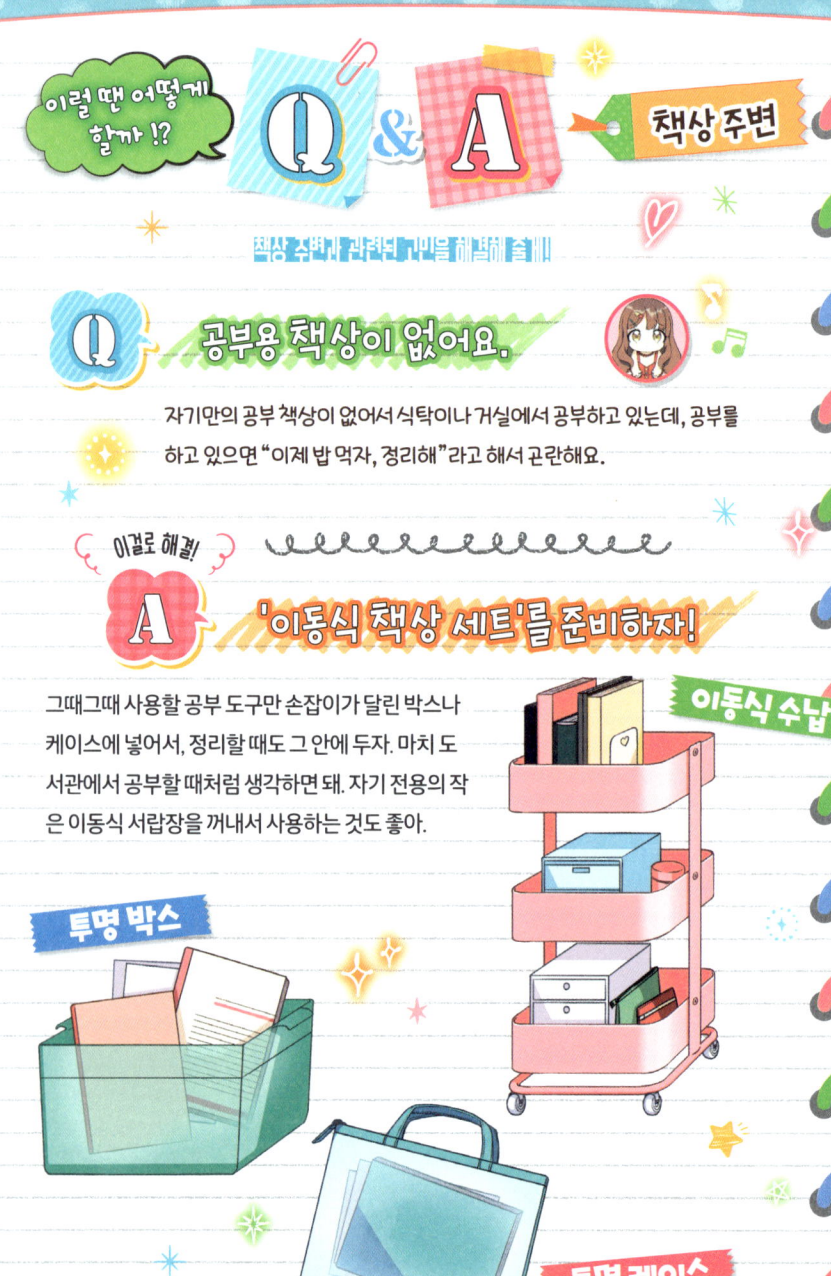

이동식 수납함

투명 박스

투명 케이스

Q 서랍이 없어서 정리가 잘 안 돼요.

서랍이 없는 책상을 쓰고 있는데, 책상 위에 물건이 너무 많아서 정리가 잘 안 돼요. 작은 물건들을 깔끔하게 정리하기가 어려워요.

A 수납 박스를 활용하자!

책상 아래에 들어갈 만한 크기의 바퀴 달린 서랍이나 이동식 수납함이 편리하다. 책상과 비슷한 높이의 박스를 두면 책상 공간을 더 넓게 쓸 수 있어. 컬러 박스에 서랍을 넣어두면 자잘한 물건도 깔끔하게 정리할 수 있어서 좋아.

나는 이렇게 하고 있어!

해피큐트 독자의 소리

바퀴 달린 서랍으로 ★ 정리가 편해졌어 ★

대형 마트나 이케아에서 바퀴 달린 서랍을 사서 책상 아래에 넣어 두고 있어요. 사기 전에 꼭 책상 크기를 재 보고 가는 게 좋아요! (소현)

 벽 쪽에 책상이 있어요.

책상 주변

책상이 벽에 붙어 있어서, 책상 옆 공간을
쓸 수가 없어요…

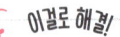

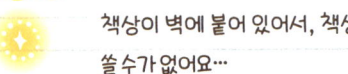 작은 소품으로 정리하자!

책상 옆이 벽이라면 와이어망을 설치해서 수납공간으로 활용하자.
가방은 의자 등받이에 걸 수 있는 가방걸이(훅 형태)를 쓰면 편리해.
카페처럼 의자 아래에 바구니형 수납함을 두는 것도 좋아. 집에 있는
어른과 함께 필요한 물건을 찾아보자.

와이어망

가방걸이

와이어망

바구니형 수납함

Q 책상이나 의자가 작아졌어요.

초등학교에 입학했을 때부터 쓰던 책상과 의자가 요즘은 작아져서, 몸에 잘 맞지 않는 것 같아요…

A 부모님과 상담해 보자!

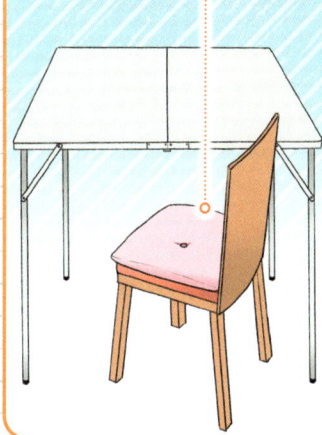

의자에 앉는 자리에서 책상 윗면까지의 높이는 약 23~27cm 정도

책상과 의자는 몸에 맞는 것이 가장 중요하다. 특히 의자가 몸에 맞지 않으면 자세가 나빠지거나 허리가 아플 수도 있다. 발뒤꿈치가 바닥에 닿고, 앉는 자리에서 책상 윗면까지의 높이가 약 23~27cm 정도가 되도록 맞추자. 요즘은 높이를 조절할 수 있는 의자나 책상도 많으니 확인해보자. 책상 다리에 끼워 높이를 조절할 수 있는 보조용품도 있어. 그래도 어렵다면, 집에 있는 어른에게 바꿀 수 있는지 상의해보자. 캠핑용 접이식 테이블이나 방석으로 높이를 맞추는 방법도 있다.

책상 주변은 잘 정리했니? 체크리스트

책상 주변을 정리했다면 □에 ✓ 체크 표시를 하자.
신경 쓰이거나 느낀 점이 있으면 적어 보자.

- □ 책상 위
- □ 서랍 ❶
- □ 서랍 ❷
- □ 서랍 ❸
- □ 서랍 ❹
- □ 서랍 ❺
- □ 책상 옆
- □ 책상 아래
- □ 책상 앞
- □ 책가방·통학 가방
- □ 가방(학원용 등)
- □ 기타(   )
- □ 기타(   )

복사해서 정리할 때마다 체크해도 좋아!

앗…!
괜찮아!
어딘가에는 분명 있을 거야!

이건 구겨졌고…
이것도 아니고…
저것도 아니야…

와——아 ♥

패션 아이템 정리하는 법

옷이나 가방 같은 아이템을 어디에, 어떻게 정리하느냐가 멋쟁이로 가는 첫걸음이야!

걸까, 접을까?

옷을 정리하는 방법은 크게 두 가지야. 옷걸이에 걸어서 보관하거나 접어서 넣는 거야.

주름이 잘 생기거나 부피가 큰 옷, 길이가 긴 옷은 옷장이나 행어에 걸어 두자. 주름은 잘 생기지 않지만 형태가 쉽게 망가지는 옷은 접어서 서랍이나 수납박스에 넣자. 옷에 맞는 방식으로 보관하면 주름 없이 깔끔하게, 오래 예쁘게 입을 수 있어. 자세한 내용은 80~83쪽을 봐.

어느 쪽!?

열심히 깨끗이 정리해도 꽉꽉 눌러 넣으면 안 돼. 물건이 상하는 원인이 될 수 있어. 공간은 한정되어 있으니까, 잘 생각해서 여유 있게 정리하자!

패션 아이템도 자리를 정하기

물건의 자리를 정하는 건 패션 아이템도 마찬가지야. 먼저 '봄·여름 그룹', '가을·겨울 그룹'처럼 계절별로 나누자. 1년 내내 사용하는 속옷이나 티셔츠 같은 건 종류별로 구분하자. 그리고 '물건의 자리'를 정해 두자. 예를 들어 '서랍 이 칸의 왼쪽에 넣기'처럼, 1년 내내 쓰는 물건은 위치를 확실하게 정해 두면 좋아.

계절마다 옷 바꾸기

옷장이나 서랍장의 크기는 한정되어 있으니까 계절마다 '옷 갈아두기(의갈이)'를 해서, 그때 입을 옷을 꺼내기 쉽게 해 두자. 계절이 지난 옷은 박스나 상자에 넣어 보관하자. 넣기 전에 얼룩이나 때가 없는지도 꼭 확인하자!

옷걸이에 걸다

옷장이나 행어가 있다면 옷걸이에 걸어서 정리하자.

◇ 구김이 잘 가거나 접기 어려운 옷은 걸어서 보관하자

셔츠, 블라우스, 스커트, 원피스처럼 접으면 주름이 생기기 쉬운 옷은 옷걸이에 걸어 두자. 재킷이나 아우터처럼 접기 어려운 옷도 걸어 두는 게 좋아. 바지는 접어서 넣어도 괜찮지만, 치마바지나 와이드 팬츠처럼 부피가 큰 옷은 옷걸이에 걸자. 바지는 가능하면 집게가 달린 옷걸이에 거는 게 좋아.

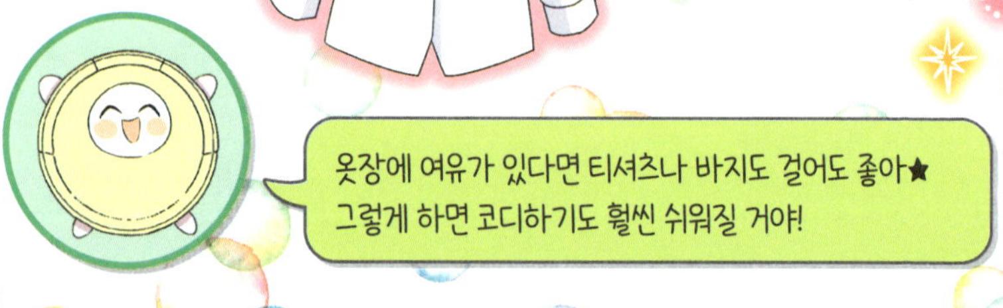

> 옷장에 여유가 있다면 티셔츠나 바지도 걸어도 좋아★
> 그렇게 하면 코디하기도 훨씬 쉬워질 거야!

◇ 아이템별로 걸어둔다

옷걸이에 걸 때는 '스커트', '셔츠·블라우스'처럼 종류별로 모아 걸자. 길이가 비슷해서 꺼내기도 쉬워지고, 아래쪽 공간도 효율적으로 사용할 수 있어♪

치마 / 셔츠·블라우스 / 코트·재킷

제 2 장 옷장을 정리해 패셔니스타로 변신!

◇ 지금 입는 옷은 꺼내기 쉽게 정리하자

옷장이나 행어에는 '지금 입는' 옷을 걸어 두자. 현재 계절이나 곧 입게 될 옷은 꺼내기 쉬운 위치에 두고, 계절이 지난 옷은 접어서 상자에 넣은 뒤 옷장 윗칸에 보관하자! (접는 방법은 84쪽부터 참고해)

앞으로 입을 옷은 이쪽에 두자!

옷장이 꽉 찰 정도로 모든 옷을 걸어놨었는데, 지금 입는 옷만 걸어두니까 훨씬 꺼내기 쉬워졌어!

개어서 서랍장에 넣는다

여기서는 옷을 접어서 서랍장이나 수납함에 넣는 방법, 그리고 올바른 접는 법까지 알려 줄게!

◇ 접어서 보관하기 좋은 옷은 어떤 걸까?

옷걸이에 걸면 늘어나거나 모양이 망가지는 옷은 접어서 보관하자. 티셔츠처럼 주름이 잘 생기지 않는 옷은 접어서 넣어도 괜찮아!

개어서 넣어두는 게 좋은 옷

- 잠옷
- 트레이닝복
- 스웨터
- 속옷(이너 웨어)
- 양말·레깅스
- 청바지

◇ 서랍의 깊이는 어느 정도일까?

티셔츠 같은 옷은 서랍 깊이에 맞게 두 번, 세 번, 네 번으로 접어 넣자 (접는 방법은 84~85쪽 참고). 스웨터처럼 니트류는 되도록 평평하게, 여유 있게 넣는 게 좋아. 깊은 서랍이 잘 어울려. 속옷이나 양말은 얕은 서랍에 세워서 가지런히 넣자.

◇ 보관 방법은?

옷장과 마찬가지로 기본은 '물건 종류별로 나누기'야. '속옷 서랍', '양말 서랍'처럼 구분해 두자. 그리고 자주 사용하는 것은 앞쪽에 넣고, 계절이 지난 물건들은 따로 상자에 모아두자.

> 빨래를 널 때 셔츠의 깃을 잡고 털어주면 주름이 잘 생기지 않아.

티셔츠 접는 방법 — 간단 버전

접기 전에 책상 같은 곳에 옷을 펼치자. 손을 다리미처럼 써서 손바닥으로 주름을 펴며 가지런히 만들면 돼.

소매를 맞추다

티셔츠를 펼쳐서, 가운데에서 반으로 접어요.

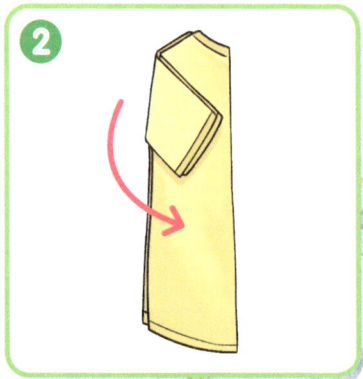

양쪽 소매를 접어요.

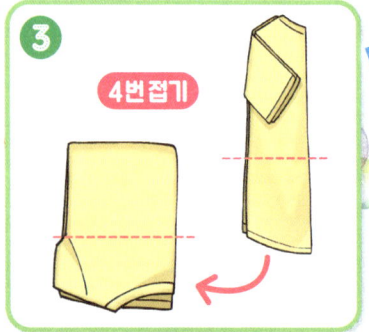

4번접기

가운데에서 한 번 접은 다음, 한 번 더 접어요.

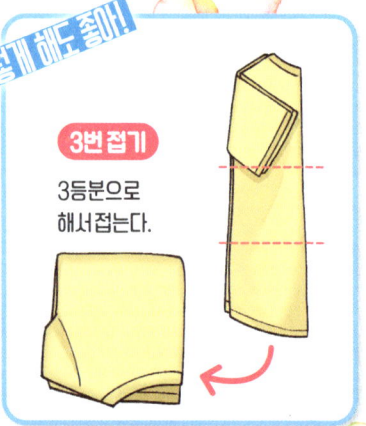

이렇게 해도 좋아!

3번접기

3등분으로 해서접는다.

티셔츠와 후드티 접는 방법 — 매장식 버전

가운데에 주름이 생기지 않아서 옷 매장처럼 예쁘게 접을 수 있어.

뒤집어서 등 쪽이 위로 오게 놓고, 옷깃에 맞춰 안쪽으로 접는다.

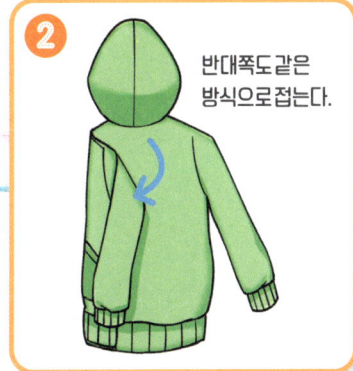

반대쪽도 같은 방식으로 접는다.

긴 소매는 안쪽으로 접어 넣는다.

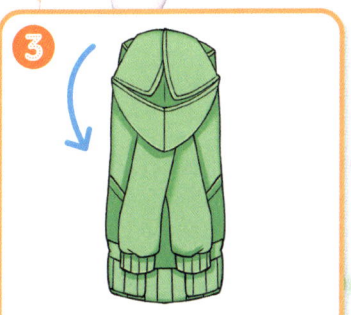

후드 부분을 안쪽으로 납작하게 눌러 넣은 뒤, 등 쪽으로 접는다.

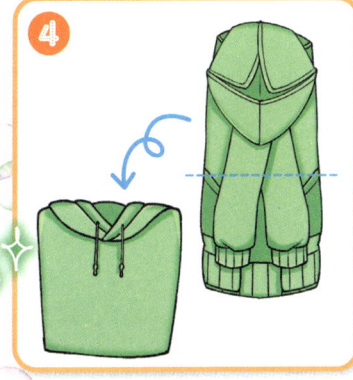

두 번(또는 세 번) 접는다.

제2장 옷장을 정리해 패셔니스타로 변신!

경량 패딩 접는 방법

요즘은 집에서도 세탁할 수 있고, 작게 접어서 보관할 수 있는 경량 패딩 같은 것도 많아졌어!

경량 패딩의 지퍼나 단추를 모두 잠근 뒤, 옷 전체를 펼친다.

뒤집어서 소매와 후드를 안쪽으로 접는다.

목 부분에서 옷자락 쪽으로 공기를 빼가며 돌돌 만다.

통처럼 세워서 수납한다

어른용으로 쓰지 않게 된 타이츠나 스타킹을 잘라서, 돌돌 만 경량 패딩을 그 안에 넣는다.

바지 접는 방법

정장 바지처럼 주름이 잘 생기는 옷은 접어 넣기 어렵지만, 청바지나 면바지 같은 옷은 접어서 보관하자.

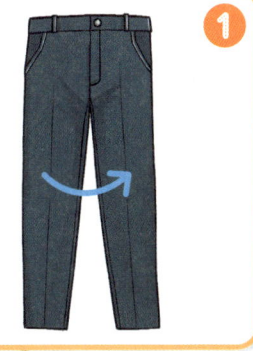

옷을 펼쳐서 가운데에서 반으로 접는다.

옷자락 쪽부터 세 번 접는다.

구김이 걱정될 때는 옷을 세 번 접을 때 수건을 함께 끼워 접으면 좋아.

트레이닝 바지

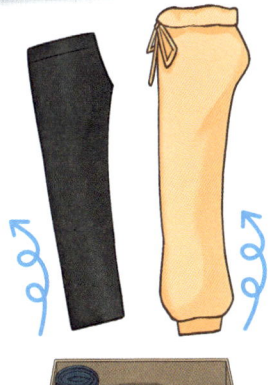

말아진 상태로 넣어 둔다

트레이닝 바지는 오른쪽 ❷ 그림처럼 바짓단 쪽부터 돌돌 만다.

브래지어

브래지어를 가운데에서 반으로 접고, 컵의 볼록한 부분을 서로 겹치게 한다.

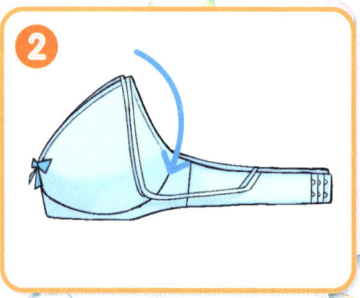

볼록하지 않은 쪽 컵 안으로 양쪽 어깨끈을 겹쳐 접어 넣는다.

후크가 달린 옆 부분을 안쪽으로 접어 넣는다.

팬티

뒤집어서 놓고, 왼쪽과 오른쪽을 안쪽으로 접는다.

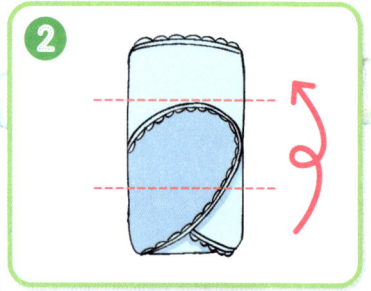

아래쪽에서 두 번 접는다.

❷단계에서 접은 아래쪽 부분을 팬티의 허리 부분 안쪽으로 끼워 넣는다.

손수건

모서리 부분을 맞추면서 사용하기 좋은 크기로 접는다.

양말   브래지어   팬티

속옷은 칸막이나 빈 상자를 이용해 세워서 정리하자.

칸막이는 너무 잘게 나누지 않는 게 좋아! 물건 종류별로만 나눠 두자★

양말

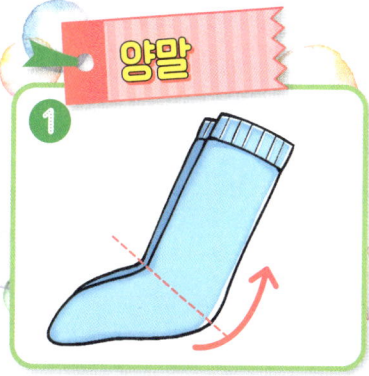

① 양쪽 양말을 가지런히 포갠 뒤, 뒤꿈치에서 발목선까지 한 번 접는다.

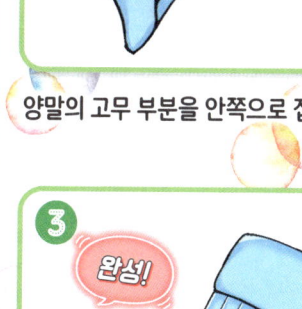

② 양말의 고무 부분을 안쪽으로 접는다.

③ 완성!

뒤꿈치 부분을 고무 부분 안쪽으로 접어 넣는다.

제 2 장 옷장을 정리해 패셔니스타로 변신!

모자 정리하는 법

캡모자나 버킷햇 같은 모자는 클립형 후크나 S자 후크에 걸어 두자. 형태가 쉽게 망가지는 모자는 안에 신문지를 둥글게 말아 넣고, 바구니 모양의 상자에 보관하면 좋아. 시즌이 지난 모자는 방충제를 함께 넣어 두면 더 좋아.

방충제는 맨 위에 둔다.

> 방충제는 벌레가 옷을 더럽히거나 구멍을 내는 것을 막아주는 약이야. 집에 있는 어른과 함께 사용하자.

가방

자주 쓰는 가방은 후크에 걸어 두자. 책상이나 선반에 달 수 있는 가방 걸이도 있어.

신발

자주 신는 신발은 현관 신발장에 넣어 두자. 먼지나 때는 헌 천이나 신발용 브러시로 털어 내고, 신발장에 다 안 들어가거나 자주 신지 않는 신발은 신문지를 안에 넣어 모양을 잡은 뒤 상자에 담아서 침대 아래나 옷장 안에 보관하자.

이상적인 옷장

행거에는 옷을 종류별로 걸고, 길이를 맞춰 정리하자.

위쪽 선반이 있을 때는, 시즌이 지난 옷을 가벼운 상자에 넣어 두자. 무엇이 들어 있는지 알 수 있도록 라벨을 붙이고, 높은 곳에 올릴 때는 가족에게 부탁하자.

작은 물건을 정리하는 서랍 수납법이에요. 속옷이나 브라, 양말 같은 이너웨어와 티셔츠 등은 세워서 정리해 두세요. 무거운 물건은 아래 칸에 두어요.

큰 서랍에는 스웨터 같은 니트류나 바지 등을 넣어요. 아래 칸에는 크고 무거운 스웨터 같은 옷을 넣어 두세요.

칼라박스에는 평소 자주 쓰는 물건을 넣어 두자. 모자, 머플러나 스카프, 가방 등이 좋아요. 후크에 모자를 걸어 두는 것도 좋아요. 바퀴가 달린 박스라면 안쪽에 두어도 꺼내기 편해요.

제 2 장 옷장을 정리해 패셔니스타로 변신!

패션 아이템 이름을 알아 두자!

패션 아이템 이름을 얼마나 알고 있니?
내가 어떤 걸 얼마나 가지고 있는지 한번 체크해 보자.

상의
몸의 윗부분에 입는 옷

티셔츠
셔츠·블라우스
티셔츠류
맨투맨
나시·민소매
가디건
니트
후드티

옷에도 정말 여러 가지 종류가 있구나!

제 2 장 옷장을 정리해 패셔니스타로 변신!

하의
몸의 아랫부분에 입는 옷

반바지

바지

치마

★ 바짓단이 퍼진 것은 와이드팬츠(통바지)라고 한다

외투
밖에서 입는 옷

재킷

★ 길이가 짧은 외투

원피스
위와 아래가 이어진 옷

속옷
속에 입는 속옷

브래지어

★ 스포츠 브라(운동용 브라)도 포함돼요

콘트

★ 길이가 긴 외투

레깅스

타이츠

팬티

양말

내 아이템 체크리스트

가지고 있는 패션 아이템을 적어서 리스트로 만들어 보자.
어떤 게 부족한지도 함께 체크해 두자★

아이템의 종류	아이템 이름	시즌	특징
(예) 상의	(예) 긴소매 티셔츠	(예) 봄·가을	(예) 파란색 줄무늬

아이템의 종류	아이템 이름	시즌	특징

부족한 아이템

적을 칸이 부족하면 집에 있는 어른에게 부탁해서 복사해 달라고 하자!

입는 옷·안 입는 옷을 체크하자!

94~95쪽에서 가지고 있는 아이템을 적어 봤다면, 이제 그것들이 필요한지 아닌지를 한번 생각해 보자.

◎ 지금 가지고 있는 옷은 정말 필요한 걸까? ◎

옷은 많은데도 늘 같은 옷만 입고 있지는 않아? 어쩌면 '이제 필요 없는 옷'이 옷장 속에 잠들어 있을지도 몰라. 한번 확인해 보자!

지워지지 않는 얼룩이나, 고칠 수 없는 찢어짐·올 풀림이 있는 것

이런 옷은 안 입어!

꽉 끼는

사이즈가 작거나 몸에 맞지 않게 된 것

이젠 못 입어…

이제 좋아하지 않게 된 것

안 입게 된 옷은 어떻게 할까?

때가 타지 않았고 망가지지 않은 옷이라면 재활용해도 좋아(59쪽을 봐). 좋아했지만 이제는 못 입게 된 옷은 사진으로 남겨도 괜찮아. 손재주가 있다면 리메이크해서 새롭게 만드는 방법도 있어!(140쪽을 참고해 봐)

제2장 옷장을 정리해 패셔니스타로 변신!

앞으로 필요한 옷은 어떤 옷일까?

초등학교에서 중학교, 고등학교로 갈수록 몸이 점점 자라면서 체형이 많이 바뀌는 시기야. 그리고 좋아하는 스타일도 달라지지. 그래서 옷을 많이 사면 나중에 못 입게 되는 경우도 많아. 다음 페이지를 참고해서 '지금의 나'에게 어울리는 옷을 잘 골라보자.

지금의 나에게 잘 어울려!

꼭 필요한 아이템을 고르는 법

예쁜 옷을 보면 자꾸 사고 싶어지지만, 옷을 넣을 공간은 한정되어 있으니까 꼭 필요한 것만 신중하게 고르자!

체온을 조절할 수 있는 옷을 고르자

더운 여름에는 민소매 나시나 티셔츠를, 추운 겨울에는 두꺼운 스웨터를 입기 쉽지만, 사실 이것만으로는 체온 조절이 잘 안 돼서 감기에 걸릴 수도 있어. 냉난방이 켜져 있는 실내나 봄·가을 같은 계절에는 걸쳤다가 벗기 쉬운 옷을 준비하는 게 좋아.

머플러

있으면 편리한 아이템

후드티

가디건

옷의 택에는 '면 100%'처럼 소재가 적혀 있어. 옷을 살 때 한 번 확인해 보면 좋아! 130쪽도 함께 봐 줘.

유행이나 화려한 색은 소품으로 포인트 주기

유행하는 디자인은 예쁘지만 오래 입지 못할 수도 있어! 유행하는 색이나 화려한 색은 모자나 머플러 같은 액세서리로 포인트를 주는 게 좋아. 다른 옷이 심플해도 '포인트 컬러'로 멋스럽게 보일 거야♪

집에서 세탁할 수 있는 옷이 가장 좋아

운동이나 밖에서 놀다 보면 옷이 더러워질 때가 있지? 집에서 세탁할 수 있는 소재를 고르자. 착용감이 좋고 피부에도 부드러운 면, 거즈, 타월 원단 같은 재질이 좋아!

옷을 고를 때 포인트

옷을 살 때는 가능한 한 꼭 입어 보고 사!

● **갈아입기 편한 옷**
체온 조절이 되고, 갈아입기도 편해요.

● **활동하기 편한 옷**
평소에 입는 옷이라면, 이게 가장 중요해!

● **다양하게 돌려 입을 수 있는 옷**
지금 가지고 있는 옷과 잘 어울리면서 돌려 입기 할 수 있는 아이템을 더해 보자. 다음 페이지에서 돌려 입기 코디를 소개할게!

제2장 옷장을 정리해 패셔니스타로 변신!

프릴이나 무늬가 귀여운 걸리시 스타일이에요.
블루나 베이지로 맞추면 한층 더 어른스러운 인상을 줄 수 있어요♪

A 프릴 소매 티셔츠

B 남색 탱크톱

C 베이지색 반바지

D 과일무늬 치마

E 스모키 핑크색 원피스

F 화사한 색 가디건

하양·핑크·라벤더 같은 걸리시한 색에 베이지처럼
가을 느낌의 색이나 체크무늬를 더해 보세요 ♪

G 셔링 티셔츠

H 라벤더색 티셔츠

I 핑크색 A 라인 치마

J 레이스업 바지

K 티어드 원피스

L 루즈핏 니트 가디건

캐주얼 스타일의 키워드는 '활기참'과 '상쾌함'!
그린이나 노랑 같은 색을 골라 보세요.

A 흰색 로고 티셔츠

B 어깨 트임 티셔츠

C 베이지색 반바지

D 초록색 체크 치마

E 후드 원피스

F 청재킷

어두워지기 쉬운 가을·겨울 패션에는 무늬가 있는 아이템을 더하면 멋스러움이 한층 업★

G 흰색 로고 긴팔 티셔츠

H 니트 조끼

I 데님 반바지

J 슬림 카고바지

K 체크무늬 셔츠 원피스

L 보아 점퍼

제 ② 장 옷장을 정리해 패셔니스타로 변신!

깔끔한 캐주얼 스타일로
단정한 인상까지 함께 높이자!

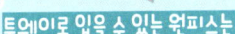
투웨이로 입을 수 있는 원피스는
정말 편리해★
앞단추 셔츠원피스는 원피스로도,
아우터로도 활용 만점!
따뜻한 색감으로 골라 봐.

반바지로 가을·겨울에도
활기차게!
데님 반바지는 사계절 내내 활용도 최고!
추울 땐 부츠 양말+스커즈로
따뜻하게 코디해 봐!

다른 날 코디

긴팔 티셔츠에 조끼를 매치하면 고급 코디 완성!
활용도 높은 롱티에 조끼를 더하면 요즘 핫
한 고수 코디! 스쿨걸처럼 귀엽고 세련되게
꾸며보자.

보이시 스타일은 1년 내내 흰색과 검정색의 모노톤이 기본이에요.
여름에 검은색을 입으면 한층 어른스러운 분위기가 나요!

A 포토 프린트 티셔츠
B 검정색 탱크톱
C 데님 반바지
D 흰색 멜빵바지
E 라인 원피스
F 밀리터리 셔츠

모노톤 코디로
밀리터리한 카키색으로 포인트를 주자!

밀리터리 셔츠가 코디의 핵심!
밀리터리 셔츠를 재킷처럼 걸쳐 입는 게 포인트야. 그러면 보이시한 매력이 살아나.

하얀 멜빵바지로 멋지게!
귀여운 느낌의 멜빵바지도 흰색으로 고르면 세련되고 산뜻한 코디로 변신해.

다른 날 코디

포토 프린트 티셔츠로 멋지게★
사진 프린트 티셔츠로 성숙한 분위기를 연출하고, 청바지는 살짝 해진 걸로 매치해 봐.

Autumn & Winter

가을·겨울에도 보이시 스타일은 역시 모노크로가 정석!
퍼플을 포인트 컬러로 더하면 세련된 보이시 룩 완성!

- G 흰색 셔츠
- H 검정색 후드티
- I 보라색 반바지
- J 모노톤 체크 바지
- K 원피스 블랙 데님
- L 라이더 재킷

식물이나 흙처럼 자연에서 볼 수 있는 어스 컬러와 면 소재를 사용하는 것이 내추럴 스타일의 포인트야.

A 보태니컬 무늬 티셔츠

B 머스터드색 코튼 블라우스

C 데님 롱 스커트

D 7부 스키니 바지

E 작은 꽃무늬 롱 원피스

F 코바늘 뜨개 가디건

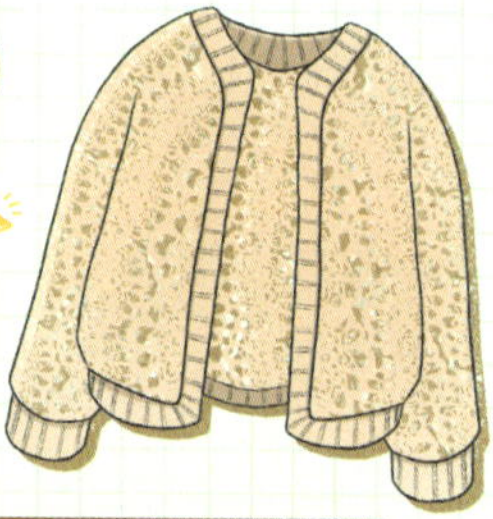

부드럽고 포근하게 ♥
꾸미지 않아도 예쁜 소녀 ♪

머스터드 옐로가
패션 포인트 ★

쨍한 노랑보다 머스터드색이 내추럴 스타일엔 딱! 다른 색이랑도 잘 어울려.

롱스커트로
어른스럽게 ♪

기본 아이템인 데님 스커트도 롱 길이로 입으면 한층 어른스러운 느낌이 나요. 코르크 샌들을 매치하면 내추럴한 분위기로 딱이에요.

다른 날 코디

작은 꽃무늬 원피스로 여성스럽게 ♪
잔꽃무늬 원피스는 내추럴 스타일에 잘 어울려. 포근한 코바늘 가디건을 매치해서 단정하게 연출해 봐.

성숙한 네추럴 스타일
가을겨울
Autumn & Winter

가을·겨울의 내추럴 스타일에는 베이지나
테라코타(벽돌색)처럼 따뜻한 느낌의 색을 활용해 보자♪

- G 줄무늬 티셔츠
- H 테라코타 니트 스웨터
- I 체크 치마
- J 바지 서스펜더
- K 원피스 소매 니트
- L 더플코트 베이지색

제2장 옷장을 정리해 패셔니스타로 변신!

느낌은 부드럽고 포근한 스타일! 둥근 형태의 옷을 선택하자!

어떤 옷에도 잘 어울리는 줄무늬는 최고의 기본 아이템!!
프렌치풍 줄무늬 티셔츠는 활용도 최고! 내추럴하게 입으려면 살짝 루즈한 핏으로 골라 봐.

베이지색을 고르면 틀림없어!
내추럴 스타일엔 베이지색이 찰떡! 둥근 구두를 매치하면 한층 부드러운 인상이 돼.

다른 날 코디

내추럴한 분위기의 대표 색, 테라코타!
테라코타는 자연에서 온 어스 컬러로, 내추럴 스타일을 대표하는 색이야. 따뜻하고 포근한 분위기를 만들어 줘.

상황별 코디도 함께 알아 두자!

시간, 장소, 상황에 맞게 코디를 생각해 보자!

'TPO'에 맞는 패션을 고르자

패션 스타일은 자신이 좋아하는 분위기나 색깔로 정해지지만, 어떤 스타일이든 중요한 건 'TPO'에 맞는지야. 'TPO'는 'Time(시간)', 'Place(장소)', 'Occasion(상황)'의 약자로, '시간과 장소, 상황에 어울리는 옷차림을 하자'는 뜻이야.

캠프 같은 자연 속에서는, 피부가 많이 드러나는 옷은 위험할 때도 있어.

공원에서 마음껏 놀고 싶을 때는 미니스커트는 어울리지 않아.

외출할 때

가족이나 친척들과 식사할 때나 친구의 학원 발표회에 초대받았을 때는 살짝 단정한 원피스 같은 옷이 좋아. 내가 주인공이 아닐 때는 색깔은 너무 튀지 않게, 디자인은 귀엽게 하는 게 좋아♡

쉬는 날 놀러 갈 때는 캐주얼 하지만 센스 있는 옷차림으로 멋을 내자. 모자나 크로스백, 가디건 같은 소품을 잘 활용하면 활동하기도 편하고 보기에도 예뻐!

⊙ 학교행사 ⊙

◇ 교내 발표회

학교 발표회나 합창대회 같은 날에는 단정해 보이는 글렌 체크 무늬가 좋아! 지퍼 업 스타일이나 점퍼 스커트라면 편하게 입을 수 있으면서도 모범생 같은 분위기를 낼 수 있지. 글렌 체크나 하운드투스(깃털 무늬) 옷은 한 벌쯤 가지고 있으면 여러 상황에 두루 활용할 수 있어.

◇ 캠프·합숙 등

야외에서 하는 학교 행사는 햇빛이나 벌레, 풀독 등으로부터 몸을 지킬 수 있는 옷차림이 좋아. 긴소매 맨투맨에 데님 바지를 입자. 반바지를 입을 때는 레깅스나 스패츠를 함께 입고, 양말과 운동화를 신어서 피부를 보호하자.

◇ 졸업식 등 격식을 차릴 때

교복이 없는 학교라면 졸업식이나 격식을 차려야 하는 자리(예를 들어 추모식 등)에서는 네이비나 검정색 블레이저에 스커트나 바지를 맞춰 입는 '교복 느낌의 세트'를 가지고 있으면 안심이야. 리본을 여러 가지로 바꿔 달 수 있으면 더 좋아. 학생 시절에는 교복이 '포멀웨어(격식 있는 옷)'이기 때문에 이런 자리에도 잘 어울려.

제 2 장 옷장을 정리해 패셔니스타로 변신!

◇ 집에서 공부할 때

집에 있을 때도 잠옷은 안돼! 티셔츠에 조끼를 매치하면 편하면서도 단정해 보여. 하의는 허리가 밴드인 스커트나 바지를 입으면 좋아.

나만의 이상적인 패션 계획을 세워 보자!

적은 옷으로도 똑똑하게 코디하려면 패션 계획을 세워 두는 게 좋아!

나만의 취향을 알아두자

내가 어떤 옷을 좋아하는지 미리 생각해 두면 '힘들게 샀는데 거의 안 입고 버리게 되는' 일이 줄어들 거야. 앞으로 새로 옷을 살 때도 같은 스타일로 생각하면 실수도 적고, 옷장 정리도 훨씬 쉬워져.

소녀스러운 걸 좋아해!
바지보다 치마
유행도 신경써

여기서는 취향을 크게 두 가지로 나눠볼 거야. '귀여운 걸 좋아하는지, 심플한 분위기를 좋아하는지', 그리고 '유행을 신경 쓰는지, 신경 쓰지 않는지'야.

나는 귀여운 프릴이나 하트 무늬를 좋아하고 유행도 신경 쓰니까, 왼쪽 표로 보면 '걸리시 트렌드' 타입인 것 같아!

귀여운 걸 좋아해

프릴, 꽃무늬, 리본 등

어스 컬러
(나무나 흙처럼 자연을 닮은 색)

유행을 따라가고 싶어 ← → **유행은 신경 쓰지 않아**

멋진 보이시 스타일

모노톤
(검정, 흰색 등)

캐주얼한 스포츠 스타일

스웨트 소재, 데님 등

심플한 걸 좋아해

위아래 화살표는 '귀여운 걸 좋아해 / 심플한 걸 좋아해', 좌우 화살표는 '유행을 따라가고 싶어 / 유행은 신경 쓰지 않아'를 뜻해. 예를 들어 귀여운 걸 좋아하고 유행도 신경 쓴다면 '걸리시 트렌드', 심플한 걸 좋아하고 유행은 신경 쓰지 않는다면 '캐주얼 스포츠' 타입이야. 중간 성향도 있지만, 자신에게 가장 가까운 걸 찾아보자.

나는 활동하기 편한 스포츠 스타일인 것 같아.

의외로 유행을 무척 좋아해♥

나는 성숙한 내추럴 스타일일까?

저는 보이시 스타일이에요.

캐주얼한 스포츠 스타일

움직이기 편하고 오래 입을 수 있어서 학교나 학원 갈 때도 좋아! 너무 밋밋하지 않게 핑크 같은 달콤한 색을 섞어서 코디해 보자!

제 2 장 — 옷장을 정리해 패셔니스타로 변신!

POINT.1
봄·여름엔 캡 모자, 가을·겨울엔 니트 모자를 쓰면 활기차고 멋져 보여!

POINT.2
나일론 가방은 레몬색처럼 밝고 힘이 나는 비타민 컬러로 골라 봐.

POINT.3
데님 반바지에 낙낙한 티셔츠를 넣어서 입고, 검은 벨트로 허리를 잡아 주면 멋져 보여!

POINT.4
신발은 묵직한 흰색 스니커즈로! 봄·여름엔 스포츠 샌들로 시원하게 입어 봐.

추천 색상

갈색이나 초록색처럼
자연 색깔을 써서,
편하고 부드러운 느낌으로 꾸며 봐♪
둥근 모양의 아이템도 잘 어울려!

제 2 장
옷장을 정리해 패셔니스타로 변신!

POINT.1

부드럽게 묶은 머리에 캐스켓을 써도 귀여워! 둥글고 볼록한 모양이 자연스러워서 잘 어울려.

POINT.2

가방은 면처럼 자연스러운 소재가 잘 어울려! 빨간색 토트백으로 따뜻한 포인트를 줘 보자.

POINT.3

모스 그린 바지는 내추럴 스타일의 정석이야! 위아래 모두 부드럽고 넉넉한 옷으로 맞춰 입어 봐.

POINT.4

앞코가 둥근 발레슈즈가 잘 어울려! 캔버스 천의 낮은 스니커즈도 예뻐.

추천 색상

125

패션 아이템 손질하기

좋아하는 아이템을 오래 쓰기 위해서는 작은 손질을 습관으로 만들자.

 옷은 소중히 입자

힘들게 산 옷은 가능한 한 오래 입고 싶지? 그러려면 평소부터 잘 관리해 두자. 옷을 깨끗하게 관리하면 내 기분도 좋아지고, 주변에서도 "정말 야무지네!" 하고 생각하게 될 거야!

옷에는 손질이 필요

하루 종일 입은 옷을 아무 데나 벗어두면 땀 얼룩이나 때가 잘 지워지지 않을 수도 있어. 집에서 세탁할 수 있는 옷은 바로 빨아서 깨끗하게 유지하자.

겉옷을 벗으면

바로 세탁할 수 없는 아우터나 교복 재킷 같은 옷은 집에 돌아오면 옷걸이에 걸어서 잠시 쉬게 해 주자. 옷솔로 먼지를 털거나 살균 스프레이를 뿌려서 그날 묻은 먼지나 냄새를 없애 두면 좋아.

얼룩이나 때가 생겼을 때는

얼룩이나 때는 바로 지우는 게 중요해. 음식 얼룩이 묻었을 땐 손수건이나 휴지로 톡톡 눌러 닦아 두자. 집에 돌아오면 아래 방법으로 한번 시도해 봐. 초콜릿 같은 기름때 얼룩은 어른과 함께 표백제를 사용해서 지우자.

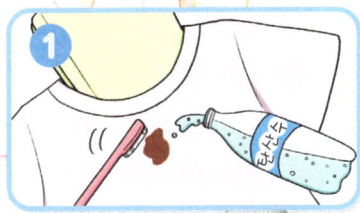

얼룩진 부분 아래에 수건을 깐다. 맛이나 향이 없는 탄산수를 뿌린 뒤, 오래된 칫솔로 톡톡 두드린다.

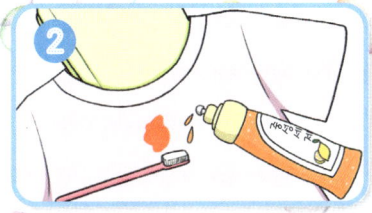

칫솔에 주방용 중성세제를 조금 떨어뜨린 뒤, 얼룩진 부분을 칫솔로 톡톡 두드린다. 문지르는 것은 금지!

시즌이 지난 옷은

깨끗이 세탁해 두자. 집에서 세탁할 수 없는 옷은 어른에게 물어보고 세탁소에 맡기자. 가벼운 옷상자 같은 곳에 넣고 방충제와 제습제를 함께 넣은 뒤, 뚜껑을 닫아서 옷장 윗칸 등에 보관하자.

천 소재 스니커즈는 통째로 세탁하기

천으로 된 운동화는 통째로 빨 수 있어. 흰색처럼 밝은 색 운동화는 때가 잘 보이니까 자주 세탁하자.

천 스니커즈 세탁 방법

끈은 미리 빼 놓는다. 오염이 심한 부분에는 빨래비누나 세탁용 가루세제를 거품 내어 문질러 바른다.

양동이나 대야에 물을 담고, 세탁용 가루세제를 넣어 거품을 낸다. 스니커즈를 담가 둔 뒤, 신발 전용 솔이나 오래된 칫솔로 문질러 세탁한다.

세탁이 끝나면 수건으로 감싸서 물기를 제거한다.

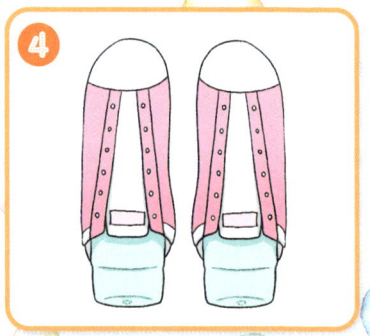

물이 빠질 때까지 그늘에서 말린다. 페트병을 이용해 말리면 모양이 흐트러지지 않는다.

책가방과 수영가방도 손질하기

매일 사용하는 책가방은 비나 땀 같은 물기에 약하니까 젖었을 때는 부드럽게 닦아 주자. 수영 가방은 여름이 끝나면 깨끗이 손질해 두자.

비나 땀에 젖었을 때

집에 돌아오면 바로 마른 천으로 물기를 닦고 그늘에 말리자. 그대로 두면 주름이 생기거나 갈라질 수도 있어.

긴 연휴(방학) 전에

학기 말에는 책가방을 손질하자! 주방용 중성세제를 물에 희석한 뒤 마른 천에 묻혀서 더러운 곳을 닦아 주면 돼. 그다음엔 물에 적셔 꽉 짠 천으로 한 번 더 닦아 주자.

수영 가방 손질 방법

수영 가방을 그냥 두면 냄새가 나거나 곰팡이가 생길 수도 있어. 사용할 때마다 통풍이 잘되는 곳에서 그늘에 말리자.

빨래를 직접 해 보자!

세탁은 옷마다 방법이 다르다. 옷에 붙어 있는 세탁 표시를 꼭 확인하자!

◇ 의류 탭의 세탁 표시를 살펴보자

옷의 소재나 종류에 따라 세탁 방법이 달라진다. 옷의 목 뒤쪽이나 왼쪽 안쪽에 붙어 있는 세탁표를 확인해 보자. '면 100%'처럼 소재에 대한 설명 외에도, 기본적으로 아래의 다섯 가지 세탁 표시가 함께 적혀 있다. 자세한 내용은 왼쪽 페이지를 참고하자.

5가지 기본 세탁 표시

세탁   표백   건조   다림질   드라이클리닝

세탁망 활용

세탁기로 빨 때는 세탁망을 활용하자. 훅이나 지퍼가 달린 옷, 레이스나 장식이 있는 예민한 옷, 양말 같은 작은 물건을 넣기에 특히 좋아. 옷의 소매나 끈이 서로 엉키는 것도 막아 준다. 한 개의 세탁망에 너무 많이 넣으면 때가 잘 빠지지 않으니까, 너무 많이 넣지 않도록 하자.

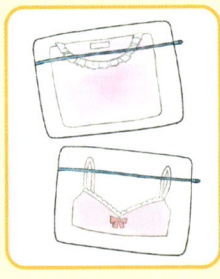

◇ 세탁 표시 보는 법

집에서 세탁 가능한 표시

이 대야 모양 표시가 있으면 집에서 세탁기나 손빨래로 세탁해도 된다.

세탁기는 기본적으로 사용 금지. 손빨래(132쪽)를 하자.

세탁기나 손빨래 모두 집에서는 세탁할 수 없다. 세탁소에 맡기자.

숫자는 세탁할 수 있는 물의 최고 온도를 뜻해. 이 경우에는 40도 이하의 미온수라면 괜찮아.

표백

산소계 표백제의 사용이 가능하다는 표시이다.

염소계 표백제의 사용이 가능하다는 표시이다.

염소계 표백제를 사용할 수 없다는 표시이다.

드라이클리닝

하단에 -선 표시가 있으면 세탁소에 맡기는 것이 좋다. 안에 드라이가 적혀 있으면 드라이클리닝이 필요하다는 뜻이다.

건조(건조 방법은 133쪽을 참고하자)

손으로 약하게 짜라는 표시이다.

옷걸이에 걸어 햇빛에 건조하라는 표시이다.

건조기 사용이 가능한 표시이다.

건조기를 사용할 수 없다는 표시이다.

제2장 옷장을 정리해 패셔니스타로 변신!

손빨래에 도전해 보자!

131페이지의 '손빨래' 표시(🤲)가 있는 것은 손으로 빨자. 세탁기의 '손빨래 코스'를 이용하거나, 세숫대야나 세면대에서도 빨 수 있다.

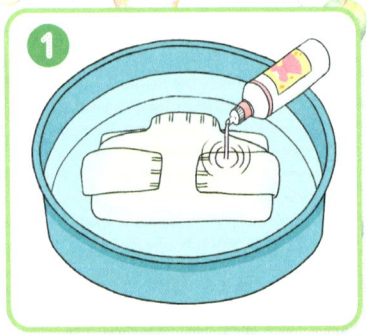

깃이나 소매 등 더러워진 부분이 바깥쪽으로 가도록 접는다. 대야에 물을 받고, 울 전용 세제(또는 의류용 중성세제)를 풀어 접은 옷을 넣는다.

물속에서 손바닥으로 약 30번 정도 눌러준다. 깃이나 소매 부분은 손으로 잡았다 놓기를 여러 번 반복한다.

옷을 접은 채로 세탁망에 넣고 세탁기에서 30초 정도 탈수한다. 그다음 깨끗한 물을 새로 받아, ❷단계와 같은 방법으로 손으로 눌러 헹군다.

세탁망에 넣은 채로 세탁기에서 30초 정도 탈수한다. 손으로 비틀어 짜면 옷감이 상하니까 주의하자.

세탁한 옷을 잘 말리자!

세탁물의 표시(131페이지)를 보고, 올바른 건조 방법으로 말리자!

걸어서 말리기	탈수 후에는 옷걸이나 집게형 건조대에 걸어서 말린다. 예쁜 옷이나 색이 짙은 옷은 뒤집어서 널면 좋다.
평평하게 말리기	걸어서 말리지 말고, 평평한 곳에 펼쳐서 말린다. 평건조용(평평하게 말리는) 네트도 있다.
젖은 채로 말리기	탈수하지 말고 젖은 상태로 그대로 말린다. 말리기 전에 수건으로 감싸 가볍게 물기를 제거하면 좋다.
그늘에서 말리기	천이 손상되지 않도록 햇빛에 직접 말리지 말고, 그늘이나 실내에서 말린다.

◇ 빨래 말리는 요령

● **널기 전에 털기**…빨래를 가볍게 털면 더 빨리 마르고, 주름이 펴져 옷의 형태가 가지런해진다.

● **아치형으로 널기**…집게형 건조대나 빨래건조대에 널 때는 바깥쪽에는 긴 옷, 안쪽에는 짧은 옷을 걸자. 바람이 잘 통해서 더 빨리 마른다.

아치형

제2장 옷장을 정리해 패셔니스타로 변신!

이럴 땐 어떻게 할까? Q&A 패셔니스타

옷에 대한 최형기나 보관 장소 등 고민에 정말 많지...!

Q 서랍장이나 옷장을 자매와 함께 쓰고 있어요.

서랍장도 옷장도 동생과 함께 써서 항상 꽉 차 있는데… 수납공간이 부족할 때는 어떻게 해야 할까?

 이걸로 해결!

A 의류 압축봉투로 부피를 줄이자!

자주 계절 옷을 바꿔 정리하고, 시즌이 지난 옷은 다른 곳에 보관하자. 의류 압축팩을 사용하면 부피를 줄일 수 있어. 옷장이 가득 찼다면, 압축한 옷을 침대 밑 같은 곳에 두는 것도 좋아. 의류 압축팩은 다양한 크기로 다이소나 생활용품점에서도 쉽게 구할 수 있다.

나는 이렇게 하고 있어!

해피큐트 독자의 소리

침대 아래를 활용해서 깔끔하게!

침대 아래에 바퀴 달린 서랍을 넣어서, 계절이 지난 옷은 거기에 보관하고 있어. 그랬더니 옷장이 훨씬 넓게 쓸 수 있게 된 것 같아! (지영)

 **옷이 전부 물려받은 것뿐이야!**

좋아하는 옷을 입고 싶은데, 언니 옷만 물려받아서 취향이 안 맞아. 기분도 좀 다운되는데, 어떻게 해결할 수 있을까?

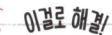 이걸로 해결!

A 옷이 언니에게 물려받은 옷일 때는

집에 있는 어른에게 "물려받은 옷이 아니라, 내가 좋아하는 옷을 입어보고 싶어요"라고 솔직하게 이야기해 보자. 인터넷 쇼핑몰이나 중고 의류 매장을 이용하는 방법도 있다. 물려받은 옷을 다른 사람에게 주고, 그 대신 새 옷을 저렴하게 살 수도 있다. 다만 돈이 오가는 일이라, 꼭 어른과 함께 하도록 하자.

 나는 이렇게 하고 있어!

해피큐트 독자의 소리

★ **물려받은 옷을 리폼한다** ♪

언니에게 물려받은 옷에 리본이나 프릴을 달아서 리폼했어! 분위기가 달라져서, 물려받은 옷이라도 귀엽게 변신했어◆(소현)

나는 이렇게 하고 있어!

해피큐트 독자의 소리

엄마, 아빠와 상의해서 물려입는 것을 그만두었어

나는 오빠에게서 물려받은 옷만 입었기 때문에 "여자아이답게 입고 싶어!" 하고 엄마, 아빠께 부탁했어. 그리고 드디어 내 옷을 사게 됐어! (예나)

부모님이랑 취향이 안 맞아요.

엄마는 프릴이나 리본 같은 걸 좋아해서 여자아이 느낌의 옷을 사 주시는데, 나는 캐주얼한 옷이 더 좋은데… 이런 경우에는 어떻게 하면 좋을까?

A 부모님과 솔직하게 이야기해보자!

집에 있는 어른은 "이 옷이 잘 어울릴 것 같아", "이걸 입히고 싶다"는 마음으로 옷을 사주는 거야. 그래서 "이런 옷 싫어!", "취향이 달라!"라고 말하기보다는 "운동하기 편한 옷이 좋겠어요", "귀여운 옷도 좋지만, 조금 더 어른스러운 옷이 입고 싶어요"처럼, 입고 싶은 이유를 함께 이야기해보자. 함께 쇼핑을 가서 "이런 스타일을 입어보고 싶어요"라고 직접 보여주는 것도 좋은 방법이다.

 독자의 소리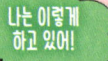

잡지나 광고를 보여드렸다

잡지나 광고를 엄마에게 보여주면서 "라벤더 색 옷을 입어 보고 싶어", "이런 느낌의 옷을 입고 싶어"라고 이야기했어. 그랬더니 엄마가 "가끔은 이런 것도 괜찮겠네"라고 말해줬어! (수빈)

제 2 장 옷장을 정리해 패셔니스타로 변신!

 **세탁했더니 스웨터가 줄어들었어요.**

세탁 표시를 안 보고 빨았더니, 마음에 드는 스웨터가 줄어버렸어요! 이제 다시 원래대로 안 돌아갈까요?

 **헤어 컨디셔너를 사용해보자!**

'울' 소재로 만든 스웨터는 세탁기로 빨면 줄어들 수 있어. 이런 경우에는 헤어 컨디셔너(트리트먼트)를 사용해 보자. 세숫대야나 세면대에 물을 받아 그 안에 헤어 컨디셔너를 한 펌프 정도 넣어. 손으로 부드럽게 펴면서 살살 풀어 주면 돼. 그다음엔 타월로 물기를 제거하고 평평한 곳에 눕혀 말리면, 원래 형태로 돌아올 거야!

울은 양의 털로 만든 소재야. 사람의 머리카락에 윤기를 주는 헤어 컨디셔너는 같은 '털'이니까 울에도 사용할 수 있어!

해피큐트 독자의 소리

나는 이렇게 하고 있어!

♪ **택을 안 보고 큰 실수를 했어!** ♪

세탁 표시를 안 보고 스웨터랑 브래지어, 수건을 한꺼번에 빨았다가 큰일 났어! 스웨터는 줄어들고 브래지어는 보풀이 일어났지. 그 뒤로는 꼭 세탁 표시를 확인하고 손빨래하고 있어. (유나)

제 2 장

옷장을 정리해 패셔니스타로 변신!

티셔츠로 쿠션 커버를 만들기

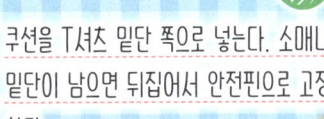

② 쿠션을 T셔츠 밑단 쪽으로 넣는다. 소매나 밑단이 남으면 뒤집어서 안전핀으로 고정한다.

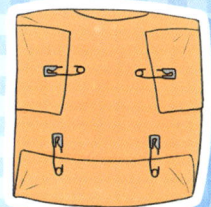

① T셔츠와 너비가 비슷한 쿠션을 준비한다.

// 완성! //

치마로 에코백 만들기

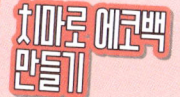

② 치마의 밑단을 안쪽과 겉쪽이 맞닿게 꿰매어 잇는다. 뒤집어서 두 겹으로 한 번 더 꿰매면 더욱 좋다. 리본이나 끈을 옆부분에 꿰매어 단다.

홈질

① 작아진 치마와 탄탄한 리본이나 끈을 준비한다. (끈은 공예점에서 구입할 수 있다.)

141

지은이랑 같은 방 쓰면 평생 깨끗해지지 않아ㅡ! 나도 예쁘게 꾸미고 싶은데ㅡ!

어라...?

정말!?

같은 방이라도 아이디어만 있으면 예쁘게 꾸밀 수 있다구!! 멋지게 꾸미는 것도 할 수 있어!

멋지게 변신! 방을 꾸미고 장식해 보자!

방의 분위기를 바꾸거나 꾸미고 싶을 때, 무엇을 가장 신경 써야 할까?

'목적에 맞는 공간인지'를 생각해 보자

방의 분위기를 바꿀 때는 '목적에 맞는 공간에서 편하게 지낼 수 있는지'를 가장 먼저 생각하자. 예를 들어 침대에서 공부하거나 책상에서 잠들면 집중도 안 되고 몸도 제대로 쉴 수 없지. 먼저 오른쪽 그림처럼 방을 코너별로 나누어 정리해 보자.

패션 코너
수면 코너
공부 코너

줄려~!

침대는 자는 곳이야!

가족에게 상의하기

침대나 책상처럼 큰 가구를 옮기거나 커튼을 새로 바꾸는 등 큰 변화를 주고 싶을 때는 먼저 가족에게 상의하자. 특히 가구를 옮길 때는 다칠 수도 있으니까 조심해야 해! 가족의 일정이나 의견을 듣고 함께 움직이는 게 좋아.

커튼 바꾸고 싶어요!

내가 할 수 있는 일부터 조금씩 하기

가족 사정 때문에 당장 방 분위기를 바꾸기 어렵다면, 네가 할 수 있는 일부터 조금씩 해 보자. 소품을 이용해 꾸미거나 손으로 직접 만든 장식을 달아도 좋아. 이렇게 스스로 할 수 있는 일만으로도 방이 충분히 달라질 거야.

추억이 담긴 사진을 붙이거나 좋아하는 책이나 잡지를 세워두기만 해도 멋지게 꾸밀 수 있어!

제3장 방을 꾸며서 꿈꾸던 내 방 완성!

방 꾸미기의 규칙

방을 꾸밀 때는 먼저 '어떤 방으로 만들고 싶은지'를 생각한 다음,
'어떻게 하면 그렇게 만들 수 있을지'를 고민해 보자.

어떤 이미지로 꾸미고 싶은지 생각해 본다

잡지나 인터넷에서 '이런 방 좋다!'라고 느껴지는 사진을 먼저 모아 보자. 마음에 쏙 드는 사진들을 보면 '핑크색이 많다'거나 '부드러운 분위기다'처럼 공통된 특징이 꼭 있을 거야.

'주인공'은 하나로 정하자

꾸미는 공간마다 중심이 되는 '주인공'을 하나 정하면 더 멋스러워 보여. 주의해야 할 점은 전체의 균형이야. 귀여운 소품만 잔뜩 두면 너무 복잡해 보여서 오히려 예쁘지 않게 느껴질 수 있어. '주인공'은 하나만 두자.

나는 귀여운 걸 두고 싶으니까 '걸리시' 스타일일까!? 곰 인형을 주인공으로 꾸며야겠다!

규칙 3 이미지에 맞게 색을 정하자

방을 예쁘게 꾸미는 비결은 사용하는 색을 세 가지로 정하는 거야. 바닥이나 벽처럼 이미 진한 색이 있다면 그것도 한 가지 색으로 계산해. 예를 들어 바닥이 진한 갈색이고 벽이 파란색이라면, 남은 색은 한 가지뿐이야. 바닥이나 벽이 흰색, 베이지색, 연한 나무색이라면 색으로 세지 않아도 괜찮아. 밝은 색은 방을 넓어 보이게 하고, 진한 색은 좁아 보이게 하니까 너무 어두운 색만 쓰지 않도록 하자.

회색과

파란색 외에

연한 분홍색

규칙 4 천을 잘 활용하자

큰 가구를 바꾸는 건 돈도 시간도 많이 들고, 바닥이나 벽은 쉽게 바꿀 수도 없지. 하지만 큰 천을 잘 활용하면 방 분위기를 간단하게 바꿀 수 있어! 먼저 방 안에서 면적이 넓거나 눈에 잘 띄는 부분부터 바꿔 보자. 예를 들어 레이스 커튼을 앞쪽에 걸거나, 벽에 천을 늘어뜨려도 좋아. 침대에는 베드커버를 씌우거나, 발치에 큰 천을 덮어 색을 더해 보자. 이렇게 조금만 바꿔도 방의 분위기가 확 달라질 거야.

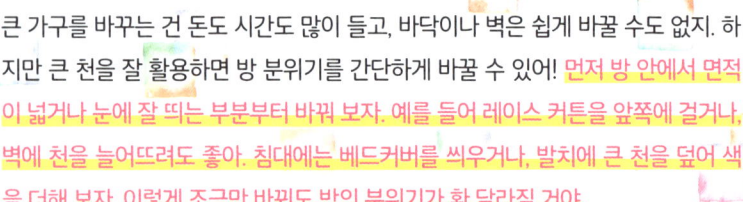

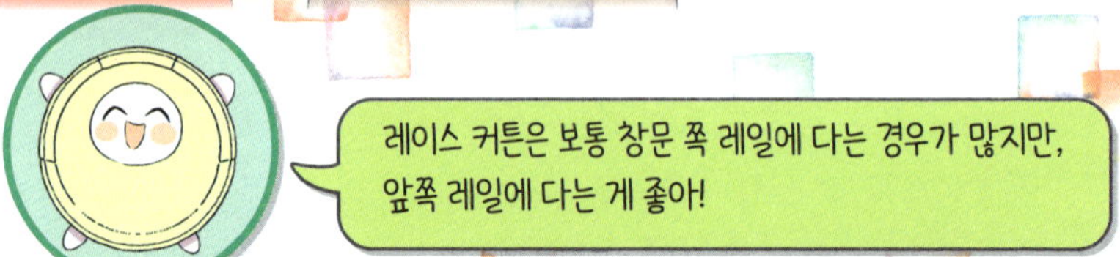

레이스 커튼은 보통 창문 쪽 레일에 다는 경우가 많지만, 앞쪽 레일에 다는 게 좋아!

규칙 5 : 아이디어로 이미지 변신

짧은 커튼

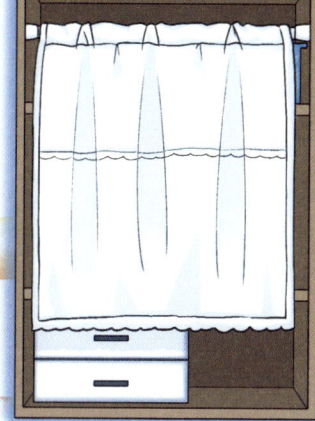

방을 크게 꾸미지 않아도 아이디어에 따라 분위기가 달라질 수 있어. 컬러 박스만으로도 여러 가지로 꾸밀 수 있을 것 같아.

- 압축봉을 달아서 카페 커튼을 걸기
- 안에 넣는 파일 등의 색깔을 맞추기
- 선반에는 색이 어울리는 시트지 등을 붙이기

게다가 필요한 재료는 대부분 다이소에서 살 수 있으니까 정말 좋지!

선반판에 시트지를 붙이기

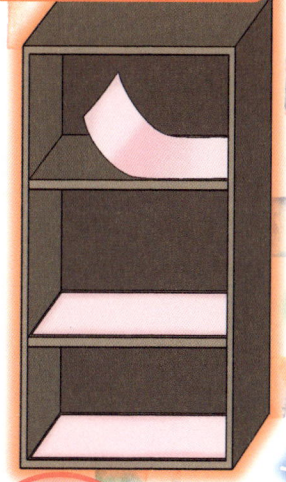

파일 색깔을 맞추기

다음 페이지부터는 방의 분위기들을 살펴보자! 어떤 스타일이 좋을까...!?

제3장 방을 꾸며서 꿈꾸던 내 방 완성!

포인트

귀엽고 로맨틱한 방으로 꾸며 봐! 핑크색 중에서도 연한 핑크를 쓰고, 똑바른 선보다는 동그라미나 하트 모양을 넣어 봐. 레이스나 프릴을 쓰면 더 예뻐져!

추천 코디

가구를 새로 사기 힘드니까, 있던 책상이나 수납박스에 흰색 시트지를 붙여 보자!

추천 색상: 흰색, 연분홍, 라벤더

온화하고 편안한! 네추럴 NATURAL 스타일

추천 색상
베이지 / 초록색 / 회색

포인트
꾸미기 쉽고 차분한 느낌이 나! 뭘로 할지 모르겠다면 내추럴 스타일부터 시작해 봐. 색은 나무나 흙처럼 자연 색으로, 소재는 나무나 천처럼 자연스러운 걸로 골라 보자!

추천 코디
반짝이는 물건이나 쇠로 된 소품은 피하자! 티슈 상자는 바구니에 넣거나 천으로 덮으면 훨씬 예뻐 보여.

제 3 장 방을 꾸며서 꿈꾸던 내 방 완성!

생기 있고 신나는! 팝 POP 스타일

포인트

선명한 색을 많이 쓰면 활기찬 방이 돼! 하지만 너무 많이 쓰면 눈이 아플 수도 있으니까, 침대 커버 같은 큰 데보다는 작은 소품에 써 보자.

추천 코디

물방울무늬나 줄무늬로 방을 밝게 꾸며 봐! 베개 커버나 쿠션에 넣으면 예쁘고, 종이나 천을 동그랗게 잘라서 벽에 붙여도 좋아.

추천 색상

밝은 분홍색 · 파란색 · 초록색

단정하고 단조로운!
스타일리시
Stylish 스타일

추천 색상

흰색   검정색   회색

제 3 장

방을 꾸며서 꿈꾸던 내 방 완성!

포인트

흰색, 검은색, 회색 같은 무채색으로 꾸미면 방이 더 넓어 보여! 색이나 무늬를 너무 많이 쓰지 말고, 똑바른 모양의 가구나 소품을 넣는 게 좋아.

추천 코디

책상이나 선반 같은 보이는 곳엔 흰색 시트지를 붙여 봐! 코르크보드나 액자처럼 네모난 소품을 놓으면 더 깔끔해 보여.

포인트

미국 캘리포니아처럼 바다 느낌이 나는 인테리어야. 휴양지에 온 것 같은 기분이 들어! 파란색과 흰색이 포인트고, 의외로 다다미 방에도 잘 어울려.

추천 코디

파란색 계열에 별무늬가 있는 노란색이나 빨간색 소품을 조금 더하면 멋져 보여! 미국풍 분위기로 꾸며 보자.

밝고 산뜻한 비치 Beach 스타일

추천 색상: 흰색, 남색, 파란색

세련되고 따뜻한 분위기의 북유럽 Scandinavian 스타일

추천 색상
- 연갈색
- 탁한 초록색
- 회색

제3장 방을 꾸며서 꿈꾸던 내 방 완성!

포인트
스웨덴이나 노르웨이처럼 북유럽풍 인테리어를 '북유럽 스타일'이라고 해. 겨울이 길어서 집에 있는 시간이 많기 때문에, 편하고 따뜻한 방이 많아. 차분한 색으로 꾸며 보자.

추천 코디
꽃이나 풀무늬가 있는 천을 많이 쓰면 예뻐! 바닥 색이 진하면 큰 러그를 깔아 봐.

지금 있는 환경에서 이상적인 방을 만들어 보자!

지금 있는 환경에서 이상적인 방을 만들어 보자. 누구나 방의 환경은 다르지만, 어떻게 하면 내가 꿈꾸는 공간에 가까워질 수 있을까?

혼자 쓰는 방

방의 분위기를 바꾸고 싶을 때도 집에 있는 어른이 도와준다면, 네가 좋아하는 느낌의 방으로 만들 수 있을 거야. 하지만 방이 마음에 든다고 해서 거기만 계속 있으면 안 돼! 가족과 함께 시간을 보내는 것도 중요해. 자기 방에서 혼자 편하게 쉬거나 스스로 청소하고 정리하는 시간, 그리고 가족과 이야기하거나 집안일을 돕는 시간이 모두 있어야 마음이 더 균형 있게 자랄 거야.

자매와 함께 쓰는 방

자매와 함께 쓰는 방이라도, 조금만 꾸미면 나만의 공간처럼 만들 수 있어. <mark>가구를 이용해 칸막이를 만들거나 서로 시선이 마주치지 않게 배치하면, 혼자 있는 느낌의 공간을 만들 수 있단다.</mark>

- 2층 침대라면 침대를 가운데에 두고 칸막이를 만들어 봐! 자매 쪽엔 커튼을 달면 진짜 나만의 공간 같아져. 침대 대신 책장이 달린 책상을 서로 마주 보게 놓아도 좋아.
- 방 가운데에 120cm 정도 되는 선반을 놓아 봐! 나만의 방처럼 느껴지고, 짐 넣는 공간도 많아져.

이층침대 주변은 '수면 공간', 책상 주변은 '공부 공간'처럼 구역을 나누는 방법도 있어!

일반 장판이 깔린 방

일반 장판이 깔린 방도 충분히 예쁘게 꾸밀 수 있어! 바다 느낌이나 아시아풍 분위기로 꾸미고 싶다면 러그나 쿠션, 소품으로 색감을 맞춰 보자. 웨스턴 분위기로 바꾸고 싶다면 나무 무늬 쿠션 바닥재나 마루 카펫을 깔면 따뜻하고 세련된 느낌이 나. 가장 간단한 방법은 정사각형 조립식 매트를 이어서 까는 거야. 밝고 발랄한 분위기를 원한다면 두 가지 색의 매트를 번갈아 깔아 보자. 가족과 함께 상의하면서 꾸며 보면 더 즐거울 거야.

쿠션 바닥재

조인트 매트

러그 매트

자기 방이 없을 때

자기만의 방이 없어도, 나만 사용할 수 있는 작은 '내 코너'가 있으면 좋아하는 물건을 놓거나 공부에 집중할 수 있어. 집 안에서 '내 코너'로 만들 수 있는 곳이 없는지 찾아보자. 거실이나 식탁 옆의 한쪽 구석, 복도 같은 곳도 좋은 후보야. 가족과 상의하면서 정해 보자. 책상을 만들 수 있어. 판을 예쁘게 꾸미면 더 멋지지! 공간이 부족하다면 접이식 테이블이나 바퀴 달린 수납 선반으로 '내 코너'를 만들어 보자. 책장의 한 칸이나 컬러박스 하나만으로도 나만의 '내 코너'를 충분히 만들 수 있어!

나만의 코너를 만들어 보자!

- 판자
- 수납박스
- 이동식 바퀴 선반
- 접이식 테이블

색이 지닌 힘을 알아보자!

인테리어에 사용하는 색에는 각각의 의미가 있어. 그걸 알고 있으면, 색에서 좋은 에너지를 받을 수 있을 거야!

색의 이미지를 잘 활용하자

색마다 각각 다른 이미지가 있어. 이런 이미지는 뇌와 마음에도 영향을 준단다. 예를 들어 '에너지'를 떠올리게 하는 빨강은 힘이 필요할 때 좋지만, 방 전체가 빨간색이면 에너지가 너무 넘쳐서 오히려 피곤해질 수도 있어. 색을 어떻게 쓰느냐에 따라 기운이 나기도 하고, 공부에 집중하거나 편하게 쉴 수도 있어.

색이 주는 주요한 이미지

빨강
- 에너지넘침
- 강렬함
- 활동적임
- 화려함

오렌지
- 밝음
- 따뜻함
- 건강함
- 즐거움

노랑
- 활기참
- 에너지넘침
- 어린느낌
- 주의를 끄는 색

초록
- 안심됨
- 자연스러움
- 휴식
- 신선함

파랑
- 차분함
- 냉정함
- 집중력
- 쓸쓸함

보라
- 신비로움
- 고귀함
- 품격있음
- 역동과 고요

흰
- 깨끗함
- 순수함
- 단순함
- 산뜻함

검정
- 강함
- 불안함
- 어른스러움
- 현대적임

갈색
- 온화함
- 소박함
- 수수함
- 리움

분홍
- 달콤함
- 로맨틱함
- 귀여움
- 편안함

색의 조합

한 가지 색뿐 아니라 색의 조합에 따라서도 분위기가 달라져. 방의 색을 정할 때는 기본이 되는 색과 함께 어울리는 색도 생각해 보자. 기본 색은 자신의 테마 컬러로, 좋아하는 색을 먼저 정하고 거기에 어울리는 색을 골라도 좋아.

제 3 장 방을 꾸며서 꿈꾸던 내 방 완성!

비슷한 색

비슷한 색으로 고르면 방이 깔끔하고 예쁘게 보여!

반대색

흰색과 검은색, 검은색과 노란색처럼 반대되는 색은 눈에 잘 띄어! 두 색 중 하나는 조금만 써서 포인트로 넣어 보자.

눈에 띄는 색은 소품으로

빨강이나 검정처럼 눈에 띄는 색은 큰 가구보다는 소품으로 두면 포인트가 되어 세련돼 보여.

같은 톤

밝기가 비슷한 색을 말해! 흰색에 가까운 색일수록 더 환하게 보여.

행운을 부르는 색

'행운의 색'이라는 말을 들어본 적 있니? 색이 주는 느낌으로 기분을 바꿔보자!

'행운의 색'이라는 말은 들어본 적 있지만... 어떤 거지? 미신 같은 건 아니지?

예전에는 풍수지리 같은 전통적인 생각에서 색과 방향을 중요하게 여겼지만, 지금은 그렇게 무겁게 생각하지 않아. 그냥 색이 주는 느낌으로 기분을 바꾸거나 하루에 작은 행운을 더하는 정도로 보면 돼.

운을 높이고 싶을 때의 행운의 색

방향	올리고 싶은 운	행운의 색
북	금전운 · 연애	핑크, 아이보리, 초록 (따뜻한 느낌의 색)
북동	건강운 · 저축운	노랑, 갈색, 흰색, 빨강
동	공부운	파랑, 하늘색
남동	연애운 · 우정운	연두, 주황
남	인기도 · 재능운 · 미용운	보라, 빨강
남서	건강운 · 가정운	노랑, 갈색
서	금전운	흰색, 은색, 금색
북서	승부운	베이지, 연한 핑크, 크림색

방의 방향을 확인하고 색을 활용해보자

오른쪽 페이지의 표를 봐. 예를 들어 공부 운을 올리고 싶다면, 해가 뜨는 동쪽 방향에 파란색 계열의 물건을 두면 좋아. 창문이 있다면 커튼 색을 바꾸고, 문이 있다면 발매트를, 침대가 있다면 쿠션이나 베개 커버 색을 바꿔보자. 자신이 좋아하는 색을 고르는 것도 운을 높이는 좋은 방법이야!

방을 꾸며서 꿈꾸던 내 방 완성!

색을 사용할 때도…이건 금지!

운이 좋아지는 방향에 행운의 색 물건을 둔다고 해도, 방이 더럽고 먼지가 가득하면 아무 소용이 없어! 행운은 깨끗한 곳에 찾아오는 거야. 그 밖에도 더러운 포스터, 인형, 멈춘 시계 같은 것도 좋지 않다고 한단다.

아이돌 포스터를 붙이고 싶다면 한 장만 붙이고, 주변은 깨끗하게 정리해 두자!

방을 예쁘게 꾸며 보자!

방의 분위기가 확 달라지는 꾸미기 아이디어!
재료는 다이소에서도 쉽게 구할 수 있으니 한번 도전해 보자.

◦ 방의 한 부분만 꾸며도 OK! ◦

방의 큰 부분을 차지하는 침대나 커튼의 메인 색깔을 정했다면, 그 색에 어울리는 장식을 만들어 보자. 방 전체를 꾸미면 너무 복잡해 보이니까, 벽 한쪽이나 옷장 문처럼 일부만 꾸미면 예쁘게 완성할 수 있어.

간단한 벽 장식을 직접 만들어 보자!
벽에 후크나 압정을 꽂을 때는 꼭 가족에게 허락을 받고 하자!

붙이기도 떼기도 쉬워!

높이를 맞추고 틈을 너무 많이 두지 않으면 균형이 아주 좋아진다!

간단 벽 꾸미기

준비할 것들

◇ 장식하고 싶은 사진·엽서
◇ 마스킹테이프
◇ 월스티커
(다이소나 마트 등에서 구할 수 있어. 스티커형과 전사형이 있는데, 스티커형이 더 간편해)

만드는 법

1. 사진, 엽서, 월스티커의 위치를 정하고 마스킹테이프로 임시로 고정한다.

2. ①에서 임시로 고정한 사진과 엽서의 네 가장자리를 둘러싸듯이 마스킹테이프를 붙인다.

3. 균형을 생각하면서 빈 공간에 월스티커를 붙인다.

※ 마스킹테이프나 월스티커가 잘 붙지 않거나 잘 떨어지지 않는 벽도 있다. 그런 경우에는 색상박스의 옆면처럼 표면이 평평한 가구에 붙이자.

길이를 달리해 두 줄로 써도 좋아.

마음에 드는 옷이나 손수건으로도 좋아!

마음에 드는 가랜드

준비할 것들

◇ 마음에 드는 천이나 자투리 천
 (좋아했지만 이제 쓰지 않는 옷이나 손수건을 사용해도 괜찮아!)
◇ 마끈(약 1미터 정도)
◇ 접착제
◇ 두꺼운 종이
◇ 재단용 가위 또는 핑킹가위
 (핑킹가위를 쓰면 올이 풀리지 않는다)
◇ 있으면 재단용 초크펜

만드는 법

1. 마음에 드는 모양을 정한 다음, 그 모양대로 두꺼운 종이를 잘라서 도안을 만든다. 장식을 삼각형으로 만들고 싶다면 도안을 마름모 모양으로, 네모로 만들고 싶다면 도안을 직사각형으로 만든다. 크기와 모양은 자신이 좋아하는 대로 해도 된다.

2. 도안에 맞춰 천을 가위로 자른다. 재단용 초크펜으로 천에 표시를 하면 훨씬 좋다.

3. 끈의 어느 부분에 천을 붙일지 미리 위치를 정해 둔다.

4. 자른 천을 반으로 접고, 접힌 부분에 마끈을 끼운다. 천의 한쪽 면에 접착제를 바르고 붙여서 고정한다.

테마를 정해서 사진을 장식해도 좋아!

사진 크기를 맞추면 더 깔끔해 보여.

제 3 장 방을 꾸며서 꿈꾸던 내 방 완성!

추억 월포켓

준비할 것들

◇ 주머니 부분이 투명한 월포켓
 (주머니 개수는 원하는 대로 OK. 세로형 두 개를 나란히 붙여도 좋아)
◇ 장식하고 싶은 사진, CD, 엽서 등(조개 껍데기나 색연필 같은 작은 소품도 OK)
◇ 훅 등
 (월포켓의 무게를 걸 수 있는 것)

만드는 법

1. 월포켓의 주머니 부분에 마음에 드는 사진이나 엽서를 넣어 장식한다.

2. 월포켓을 훅 같은 곳에 걸어서 벽에 고정한다.

3. 균형을 생각해서 빈 공간에 월스티커를 붙인다.

예를 들어 '바다'나 '핑크'처럼 테마나 색을 정해서 사진을 꾸며도 좋아!

이상적인 방을 계획하기

자신의 방을 어떻게 꾸미고 싶은지, 상상이 되었니?
꾸미기를 시작하기 전에 어떻게 꾸밀지, 어떤 색을 쓸지 메모해 두자!

(예)　◇이미지…걸리시　◇사용할 색…핑크, 흰색, 회색

◇동그란 쿠션을 3000원에 다이소에서 사기!

너의 방 평면도

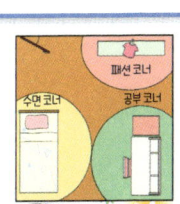

방을 꾸미기 전에, 왼쪽 예시처럼 가구를 어떻게 배치할지 그림으로 그려보자. 문과 창문, 크기까지 함께 적어두면 좋아.

"문이랑 창문은 움직일 수 없잖아."

"크기는 정말 중요해!"

"꾸미는 것도 메모해 둘게!"

"작은 소품만 바꿔도 예쁘게 변하잖아~"

제 3 장 방을 꾸미며 꿈꾸던 내 방 완성!

내 방을 정리하자!

★ 정리의 핵심은 바로 '수납'! 그런데, 어떻게 수납하면 좋을까?

◇ 정리 잘하는 사람 = 제자리에 잘 두는 사람 ◇

책상 주변이나 옷장뿐만 아니라, 방 전체를 어떻게 정리해야 할지 모르겠다는 사람도 많지? 그럴 땐 책상 정리와 같은 순서로 해 보자(38~49쪽 참고). ❶ 불편한 점을 체크하기 ❷ 모든 물건 꺼내기 ❸ 분류하기 ❹ 정리하기, 이 순서로 하면 돼. 방의 분위기를 바꿀 때 정리를 함께 시작하면 좋아! 그리고 '다시 제자리에 두기 쉬운 수납'을 만드는 게 정리를 잘하는 가장 중요한 포인트야. '정리한다'는 건 '사용한 물건을 다시 제자리에 돌려놓는 것'이야. 귀찮지 않게 바로 제자리에 둘 수 있는 수납 방법을 만들면 정리의 고수가 될 수 있어!

다음 페이지부터는 쉽고 안전한 수납의 규칙이야! 어떤 걸 정리할 때도 꽉꽉 눌러 넣는 건 절대 금지! 약간의 여유 공간을 남겨 두는 게 좋아!

'간단하고 안전하게!' 그렇지, 지진이나 화재가 났을 때 바로 진화할 수 있도록 해 둬야 해.

규칙 1 — 안전을 가장 먼저 생각하자!

제3장 방을 꾸며서 꿈꾸던 내 방 완성!

수납이나 방 꾸미기를 할 때 가장 먼저 신경 써야 할 건 '안전'이야. 지진이나 화재 같은 '만약의 상황'을 미리 생각해 두자. 중요한 점은 아래 세 가지야.

❶ 침대나 출입문 근처에는 넘어질 위험이 있는 키 큰 가구나 깨지기 쉬운 물건을 두지 않는다.

❷ 키 큰 가구에는 넘어짐 방지 스토퍼를 설치한다.

❸ 침대나 책상에서 바로 피할 수 있도록 바닥에 물건을 두지 않는다. 가족과 상의하면 안전한 방을 만들어 보자.

- 출입구까지 걸어갈 수 있도록 바닥에 물건을 두지 않는다
- 거울은 쉽게 넘어지지 않는 것을 사용한다
- 키가 큰 가구에는 가구 넘어짐 방지 스토퍼를 설치해 두면 좋아
- 출입구나 침대 근처에는 키가 크고 큰 가구를 두지 않는다
- 무거운 물건은 아래 칸에 보관한다
- 깨지기 쉬운 꽃병 등은 낮은 곳에 둔다
- 침대 근처에는 깨지기 쉬운 물건을 두지 않는다
- 눈높이보다 높은 곳에는 물건을 올려두지 않는다

매일 쓰는 물건은 바로 꺼낼 수 있는 곳에 두자

예를 들어 펜꽂이를 생각해 보자. 모든 펜을 책상 위에 다 꺼내 두지 말고, 매일 사용하는 펜만 골라서 펜꽂이에 넣자. 자주 쓰지 않는 펜은 서랍에 넣어 두면 돼.
마찬가지로 매일 사용하는 물건은 바로 꺼내고 다시 넣기 쉬운 곳에 두자. 에코백이나 바구니에 넣어서 걸어 두는 것도 편리한 수납 방법이야.

"겹쳐서 보관하기"는 금지!

물건을 겹겹이 쌓아서 빈틈없이 꽉 채우는 건 절대 금지! 그렇게 하면 꺼내기도 어렵고 다시 넣기도 힘들어서 오히려 더 어질러지게 돼.
공간이 부족해서 꼭 겹쳐서 보관해야 할 때는 'ㄷ자형 선반'을 사용하면 꺼내기 쉽고 편리해.

규칙 4. 이동이 쉬운 수납이 편리하다

책을 골판지 상자에 가득 넣는 등 너무 무겁게 수납하는 건 피하자. 옮기기도 청소하기도 힘들고, 몇 년 동안 먼지만 쌓인 채 그대로 방치될 수도 있어.

바퀴 달린 수납상자나 손잡이가 있는 수납박스처럼 옮기기 쉬운 수납이 편리해. 가벼운 종이상자나 플라스틱 케이스처럼 들고 다닐 수 있는 것도 좋아.

제 3 장 방을 꾸며서 꿈꾸던 내 방 완성!

규칙 5. 정리하는 게 귀찮지 않도록 하자

꽉 찬 서랍에서 물건을 억지로 꺼내면 다시 제자리에 넣기가 귀찮아지지? 무리해서 꽉꽉 채우기보다 여유 공간이 있어서 쉽게 넣고 뺄 수 있는 게 가장 좋아. 그러면 사용한 뒤에도 바로 제자리에 돌려놓을 수 있어. 수납의 가장 큰 요령은 '바로 꺼내고, 바로 넣을 수 있게 하는 것'이야.

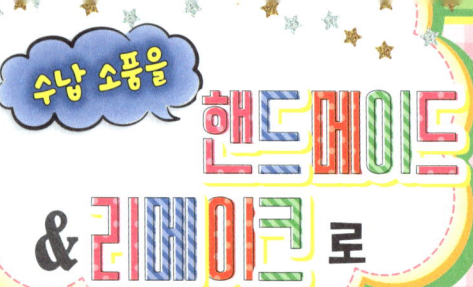

수납 소품도 직접 간단히 만들거나 리메이크할 수 있어. 재료는 다이소나 마트에서 준비하자.

테이프만 붙여 꾸미는 박스

준비할 것들

◇ 정리에 쓸 상자
 (플라스틱 케이스나 골판지 상자도 괜찮아)
◇ 좋아하는 마스킹테이프 1~2가지

상자의 겉면에 마스킹테이프를 빈틈없이 붙인다. 다른 색의 마스킹테이프를 번갈아 붙이면 줄무늬처럼 보인다.

폭이 넓은 마스킹테이프를 사용하면 만들기 쉬워!

봉제인형 해먹

제3장 방을 꾸며서 꿈꾸던 내 방 완성!

준비할 것들

◇ 레이스 커튼 1장
 (만들고 싶은 해먹의 크기에 맞춰 준비해. 큰 천이어도 괜찮아)
◇ 머리끈
◇ 두꺼운 리본
◇ 고리(후크)

1. 레이스의 양쪽 끝을 머리끈으로 묶는다. 양쪽 끝을 조금 길게 남기면 사탕처럼 보여서 귀엽다.

2. ❶에서 묶은 머리끈 위에 리본을 단단히 묶는다. 리본의 끝을 묶어 고리 모양으로 만든다.

3. 해먹을 걸고 싶은 두 곳에 고리를 단다. 고리가 단단히 고정되면 리본을 걸고, 커튼을 펼쳐 해먹처럼 만든다.

※ 고리에는 '내하중'(얼마나 무게를 견딜 수 있는지)이 적혀 있어. 인형의 무게가 그보다 무겁지 않도록 주의하자.

바구니 가방 수납

준비할 것들

◇ 바구니 가방 또는 세탁 바스켓
   (다이소에서도 살 수 있어)
◇ 리본

매일 사용하는 잠옷이나 수건 같은 옷가지를 넣어 둔다. 손잡이에 리본을 단다.

이제 쓰지 않는 바구니 가방을 수납용으로도 쓸 수 있구나! 다이소에서도 바구니 가방을 살 수 있어.

버릴지 말지 고민되는 '고민 중' 물건을 넣어도 좋아. 옷이랑 구분하기 위해 리본 색을 다르게 하자. 가끔씩 다시 꺼내서 버릴지 남길지 결정하고, 바구니가 너무 꽉 차지 않게 조심하자!

나만의 색상 박스

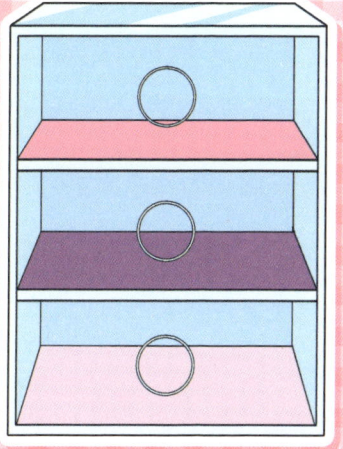

준비할 것들

◇ 투명 서랍 박스
◇ 좋아하는 색의 색도화지나 천

① 서랍 바닥 크기에 맞게 종이(또는 천)를 자른다.
② 서랍 바닥에 ①의 종이(또는 천)를 깐다. '나만의 색'으로 서랍마다 다른 색을 써도 좋다.

액세서리 보드

준비할 것들

◇ 코르크 보드
◇ 압정(조금 튀어나온 것을 사용하되, 다치지 않도록 주의!)

코르크 보드에 압정을 꽂고, 그곳에 액세서리를 건다. 바늘이 아니라 압정에 걸어야 해. 코르크 보드는 벽에 세워 두어도 괜찮다.

제 3 장 방을 꾸며서 꿈꾸던 내 방 완성!

내 방을 청소하자!

방 분위기를 바꾸고 수납까지 끝냈다면, 이번에는 스스로 청소도 해 보자!

평소에는 살짝, 일주일에 한 번은 제대로

자기 방을 정리했으면 그 깨끗함을 계속 유지하고 싶지? 그러려면 매일 하는 '조금씩 청소'와 주말에 하는 '제대로 청소'가 중요해. 평소에는 눈에 띄는 더러움을 바로 닦고, 지우개 가루나 쓰레기를 바로 버리고, 뭔가 흘렸다면 바로 닦아 내는 정도면 돼. 주말 같은 날에는 먼지를 털고, 걸레질을 하거나, 청소기를 돌려서 깨끗하게 정리해 보자.

제대로 청소하기 좋은 시간은 휴일 아침이야. 밤새 먼지가 바닥으로 떨어지기 때문이야. 바닥을 청소기로 청소할 때는 커튼을 먼저 닫고 하면 진드기까지 함께 빨아들일 수 있어!

청소 순서

내놓은 물건을 정리하고 먼지를 털어내자 ➡ 청소기를 돌리자 ➡ 닦는 청소를 하자 ➡ 창문을 열고 환기시키자

청소 도구를 잘 활용하자

청소 도구는 사용하는 장소나 목적에 따라 달라져요. 186~187쪽도 읽어보고 올바르게 사용해 보자!

먼지떨이·핸디밀대

먼지를 털어내는 도구이다. 핸디형 먼지떨이는 한 번 쓱 닦는 것만으로도 먼지나 작은 쓰레기를 쉽게 제거할 수 있다.

청소기

먼지와 쓰레기를 빨아들이는 도구이다. 종이봉투형과 사이클론형 등 여러 종류가 있다.

밀대

종이형 밀대는 마룻바닥 닦기뿐만 아니라 천장이나 벽 청소에도 좋다.

빗자루·쓰레받기

빗자루는 청소기나 걸레밀대가 닿지 않는 틈새나 온돌방(또는 카펫 방)에서 유용하게 쓸 수 있다. 손잡이가 짧은 소형 타입은 책상 위나 선반 청소에도 좋다.

걸레 등

오래된 수건이나 잘라서 만든 티셔츠 조각을 사용해도 괜찮다.

방별 청소기 사용 방법

청소기는 자기 몸 쪽으로 당길 때 먼지를 흡입하니까, 천천히 뒤로 당기며 사용하자.
방 안쪽부터 시작해서, 출입문 쪽으로 물러나면서 청소기를 돌리면 된다.

마룻바닥

청소기를 돌리기 전에 먼지떨이로 먼지를 먼저 털어 두면 좋아. 청소기는 마룻바닥의 이음새를 따라 움직이고, 방 구석구석까지 꼼꼼히 청소하자!

장판 바닥

장판 바닥은 먼지가 잘 안 보여서 청소할 때 신경 써야 해. 청소기를 천천히 위아래, 좌우로 움직이면서 구석까지 꼼꼼히 닦아 줘. 평소엔 빗자루나 물걸레로 가볍게 청소해 두면 좋아.

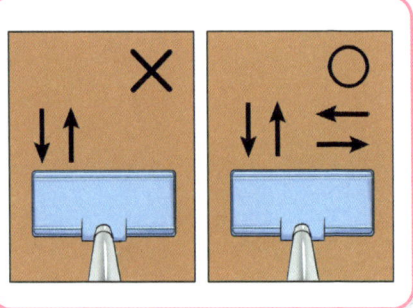

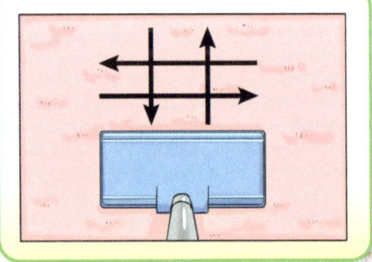

카펫·러그

카펫에는 눈에 보이지 않는 진드기가 있을 수도 있어! 청소기 세기를 '강'으로 맞추고, 바닥에 눌러서 천천히 밀고 당기며 청소하자. 한 방향으로 청소한 뒤에는 방향을 90도로 바꿔 십자 모양이 되게 한 번 더 청소하면 좋아.

조금만 청소해도 방이 항상 반짝!

제3장 방을 꾸며서 꿈꾸던 내 방 완성!

평소에 '좀 더럽다'고 느낄 때마다 재빨리 간단히 청소하자. 5분 정도만 해도 충분하니까, 매일 습관으로 만들면 언제나 방이 반짝반짝 깨끗해진다!

창문은 신문지나 탄산수로 닦을 수 있다

창문은 젖은 신문지로 닦은 뒤, 마른 신문지로 한 번 더 닦아 주자. 신문 잉크에 들어 있는 기름기가 때를 없애줘. 또 다른 방법으로는 설탕이 들어 있지 않은 탄산수를 창문에 뿌리고 걸레나 천으로 닦는 방법도 있어.

극세사 천은 청소의 든든한 친구

다이소에서도 살 수 있는 극세사 천은 물에 적신 뒤 꽉 짜서 마루 바닥이나 가구, 가전제품, 창문 등을 닦을 때 사용할 수 있어. 물기를 잘 흡수하고 작은 먼지나 때도 잘 닦이니까 집에 두고 쓰면 아주 편리해.

가전제품을 닦을 때는 반드시 전원을 끄기

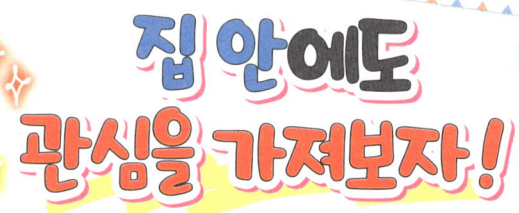

자신의 방이 깨끗해졌다면, 이제 집 전체를 함께 돌아보자!

모두가 기분 좋게 지낼 수 있게 하자!

집이 정리되어 있으면 모두가 기분 좋게 지낼 수 있지. 꼭 '집 전체를 청소하자!'가 아니더라도 '내 물건은 내가 깨끗하게', '모두가 기분 좋게 지낼 수 있도록' 생각하는 게 중요해. '내 물건을 모두가 사용하는 곳에 아무렇게나 두지 않기', '내가 더럽힌 건 내가 깨끗이 하기', 이 두 가지를 꼭 기억하자.

> 안녕히 주무세요~

거실과 주방

자기 물건을 아무 데나 두지 않기!

옷이나 가방은 밖의 먼지나 때를 집 안으로 들이지 않기 위해 정해진 곳에 걸어 두거나 세탁하자. 거실에 그냥 두는 건 안 돼! 거실에서 읽은 책 같은 자신의 물건은 자기 전에 정리하는 습관을 들이자. 리모컨 같은 물건은 가족이 함께 쓸 수 있도록 보관 장소를 미리 정해 두면 좋아.

제 3 장 방을 꾸며서 꿈꾸던 내 방 완성!

식탁은 식사하는 장소

식탁에서 공부하고 있을 때는 식사 준비 시간이 되면 바로 정리하자. 들고 다닐 수 있는 가방이나 케이스에 넣어 두면 좋아(66쪽도 참고해 봐). 지우개 가루나 연필, 펜 자국이 생겼다면 깨끗이 닦는 것도 잊지 말자.

욕조가 있는 화장실

욕실은 항상 깨끗하게 유지하고 싶지. 목욕을 마치고 나올 때는 바닥이나 벽에 머리카락이나 거품이 남아 있지 않은지 확인하자. 머리카락은 배수구도 함께 살펴보고, 모여 있다면 모아서 버리자. 집에서 마지막으로 목욕할 때는 욕조의 물을 남겨둘지 버릴지 어른에게 물어보자. 버려야 한다면 욕조의 마개를 빼 두면 돼.

마지막으로 나올 때는 바닥이나 벽에 찬물을 뿌려 두면 곰팡이 생기는 걸 막을 수 있어.

욕실에서 나올 때는 샤워기로 바닥과 벽에 물을 뿌려 두자! 사용한 수건은 세탁 바구니에 넣어 두기 ♪

욕조 물 온도 확인해 봐!

배수구에 머리카락이 끼어 있는지 확인해 봐!

바닥이나 벽을 후딱 닦아 봐! 찬물로 하면 더 좋아.

화장실

화장실을 사용한 뒤에는 나오기 전에 한 번 뒤돌아보며 확인하자! 더러워져 있다면 변기솔로 살짝 청소하고, 휴지가 다 떨어졌다면 꼭 새 것으로 갈아 끼우고 심은 버리자. 생리용품도 정리해서 제대로 버려야 해. 마지막에는 당연히 손을 깨끗이 씻고, 물이 튀지 않게 조심하자.

화장지 있는지 확인해 봐!

더럽지 않은지 확인해 봐!

문손잡이랑 스위치

문손잡이나 스위치처럼 모두가 자주 손을 대는 곳은 소독용 물티슈로 가볍게 한 번 닦자. 알코올 소독액이나 세제를 사용하는 집도 많으니까, 어떤 걸 쓰는지 가족에게 물어보자.

또 사용하지 않을 때나 잘 때는 꼭 불을 끄고, 가족이 함께 있는 방은 가끔씩 환기해 주는 것도 잊지 말자. 이런 작은 습관들이 모여 '깨끗한 집'을 만드는 거야!

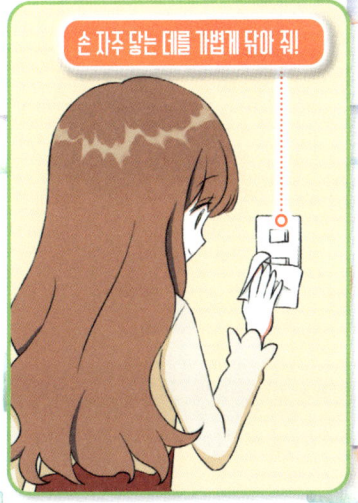

손 자주 닿는 데를 가볍게 닦아 줘!

친구를 초대해 보자!

집이 깨끗해졌다면 친구들을 불러서 작은 파티를 열고 싶지?
그럴 때는 어떤 점에 주의해야 할까?

◎ 친구를 초대할 날짜를 정하자! ◎

"나은이랑 같이…"

"다음주 토요일이 좋겠어."

집에 있는 어른에게 상담

친구를 불러도 되는지 먼저 집에 있는 어른에게 상의하고, 날짜와 인원도 미리 알려 두자.

친구의 스케줄을 확인

먼저 친구의 일정부터 확인하자. 두 번째, 세 번째 희망 날짜도 함께 물어보면 좋아.

◎ 하루 전에 꼭 준비해 둘 것! ◎

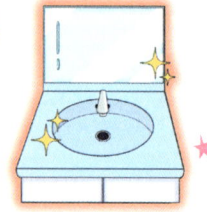

방과 사용할 공간을 정리

자기 방은 물론, 친구도 사용할 세면대나 화장실 같은 곳도 깨끗하게 정리해 두자.

미리 준비해 둘 것들

겉옷을 걸 수 있는 옷걸이나 슬리퍼 등 친구가 사용할 물건이 있는지도 집에 있는 어른에게 미리 물어보자.

당일에 해야 할 일!

음식과 음료는 바닥에 두지 않기

음식이나 음료는 작은 테이블이나 책상 위에 올려두자. 테이블이 없을 때는 쟁반 같은 것을 사용해 올려두면 돼. 바닥에 직접 두는 건 예의에 어긋나니까 피하자.

어른에게 친구를 소개

친구가 집에 오면 먼저 어른에게 인사시키자. 이미 알고 있는 사이여도 "지난번 경기에서 만난 ○○이야"처럼 자세히 소개해 주면 좋아. 친구가 돌아갈 때도 꼭 함께 인사하자.

정리는 스스로

친구가 돌아간 뒤에는 사용한 식기를 주방에 가져가서 가능하면 직접 씻자. 쓰레기는 재활용과 일반 쓰레기로 나누어 정리해 두면 좋아.

화장실 위치를 알려주기

친구가 방이나 거실에 들어가기 전에, 화장실과 세면대가 어디 있는지 미리 알려 주자.

> 친구에게 줄 과자나 음료는 집에 있는 걸 사용하더라도 꼭 어른에게 먼저 물어보고 준비하자. 친구와 함께 사러 가는 것도 좋아.

방 꾸미기!

방 정리나 꾸미기를 하면서 자주 생기는 고민들을 함께 해결해 보자♪

 형제나 자매가 방을 더럽힐 때는?

열심히 방을 깨끗이 정리했는데, 같이 쓰는 형제나 자매가 어질러 놓고 정리하지 않아. 어떻게 하면 좋을까?

 **공용 공간은 정리 규칙을 함께 정하자!**

자신의 구역은 각자 정리하고, 공용 구역은 둘이 함께 하는 식으로 요일별로 담당을 정해 보자. "어떻게 하면 더 쉽게 할 수 있을까?" 하고 서로 상의해 보는 것도 좋아. 싸움이 되지 않도록 "같이 생각해 보고 싶으니까 도와줘" 하는 마음으로 말해 보자.

주말엔 둘이서 하자!

월	쉼
화	언니
수	남동생
목	언니
금	남동생
토	둘이서함
일	둘이서함

해볼게!

 **가족이 방 꾸미기를 반대한다면?**

거실을 더 예쁘게 꾸미고 싶은데, 가족이 반대해. 어떻게 말하면 좋을까?

A 집의 작은 공간부터 방 꾸미기를 시작하자!

거실은 가족 모두가 함께 사용하는 공간이야. 집에서 가장 넓은 방인 경우가 많기 때문에 인테리어를 바꾸는 게 쉽지 않을 수도 있어. 거실보다 먼저 화장실이나 현관, 복도나 계단 일부처럼 작은 공간부터 시작해 보자. "청소부터 하고 꾸밀게요"라고 부모님께 말씀드리면 좋아. 작은 변화라도 가족이 기뻐할 거야.

 독자의 소리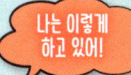

현관을 매달 새롭게 꾸민다

신발장 위 코너를 매달 꾸미고 있어. 엽서를 계절에 맞게 바꾸는 것뿐인데, 모두가 예쁘다고 칭찬해 줬어! (예나)

방을 바꿨더니 오히려 불편해졌어요.

방을 새롭게 꾸며봤는데, 막상 써보니까 좀 불편해요. 다시 원래대로 돌리기도 귀찮은데, 어떻게 하면 좋을까요?

 불편한 걸 느꼈다면 이미 훌륭한 거야!

청소하고 정리하고, 방 분위기를 바꿨기 때문에 "불편하다", "예전이 더 좋았던 것 같아"라고 느낄 수 있었던 거야. 그건 아주 좋은 일이지. "불편한 이유가 뭘까?", "어떻게 하면 더 좋아질까?" 하고 생각해 보고 스스로 방법을 찾아보는 과정이 앞으로 꼭 도움이 될 거야. 인테리어를 바꾸거나 정리하는 일에는 '정답'이 없어. 조금씩, 하지만 확실하게 '스스로 할 수 있는 힘'이 길러지는 거야. 다음에 방을 바꿀 때를 위해, 여러 가지를 생각해 보자.

실패한 일이 성공으로 이어졌다

전에 치수를 재지 않고 가구를 옮겼더니 안 들어가 버렸어. 이번에는 전부 치수를 잰 다음에 했어. 실수해도 다음에 성공하면 괜찮아! (수빈)

여기를 칸막이로 해볼까…

Q 바빠서 정리를 못 하겠어요.

주말마다 학원에 다녀서 청소기를 돌릴 시간이 없을 때는 어떻게 하면 좋을까요?

 이걸로 해결!

A 평소에 조금씩만 정리해도 괜찮아!

"제대로 청소"를 할 시간이 없을 때는 "조금씩 정리"를 꾸준히 해보자. 예를 들어 "매일 10분"이라고 정해두고, 빠르게 정리하고 가볍게 닦아두면 더러움이 쌓이지 않아. 한 달에 한 번 정도 시간이 있을 때는, 버릴지 말지 고민했던 물건을 다시 살펴보거나 청소기를 돌리는 등 "제대로 청소하는 시간"을 만들어보자.

 나는 이렇게 하고 있어!

💗 독자의 소리

매일 조금씩 청소해서 늘 깨끗하게 지내자

나는 매일 목욕하기 전 15분을 정리 시간으로 정해 놨어. 일회용 청소 티슈로 후다닥 닦고, 걸레질도 하고. 이것만으로도 깨끗함을 잘 유지하고 있어! (나은)

매일 10분 정리 타임

살짝 정리하는 습관만으로도 정리 정돈이 자연스럽게 몸에 배게 돼! 마이크로화이버 천이나 일회용 청소용 티슈를 사용해도 좋아.

향기로 나만의 공간을

자신의 방이 없어도 향기를 잘 활용하면 "여기가 나만의 공간이야"라고 느낄 수 있어. 반경 1미터 안에 '나만의 공간'을 만들어 보자.

나만의 샴푸 타임

장미향기

샴푸와 컨디셔너를 가족용과 따로, 자신이 좋아하는 향으로 골라 사용해 보자. 목욕 시간은 물론, 낮에도 은은하게 좋아하는 향을 느낄 수 있을 것이다.

잘 때도 내가 좋아하는 향기로

베개 커버에 아로마 스프레이를 한 번 뿌린다. 아로마는 직접 만든 것보다 아로마 숍이나 잡화점에서 파는 제품을 사용하는 것이 안전하다. 라벤더나 오렌지 같은 감귤류 향은 숙면을 도와줄 것이다. 손수건에 뿌려 가지고 다니는 것도 좋다.

바른 습관을 길러보자!

책상과 방이 깨끗해졌다면, 생활도 함께 돌아보자!

물건을 다루는 법이나 행동, 생각까지 '바르게' '깔끔하게' 하려고 마음쓰면 기분이 정말 좋아져!

주변을 살피고 신경 쓰는 게 정리의 규칙이구나. 좋아, 한번 해볼래!

◎ 잘 잊어버리는 물건들도 정리하자! ◎

밖에 나갔을 때 반창고나 립크림을 깜빡해서 곤란했던 적 없니? 단정하게 보이기 위한 물건이나 혹시 모를 상황에 대비할 수 있는 작은 소품들은 파우치에 넣어 두자. 일정표나 휴대전화, 스마트폰 속 내용도 가끔씩 정리해 두는 게 중요해.

밖에서도 깔끔하려고 노력하자!

다른 사람과 함께 사용하는 장소에서도 '깨끗하게 쓰자'는 마음을 가지자. 쓰레기는 그냥 두지 말고 분리해서 버리고, 도서관이나 가게에서 집어 본 물건은 제자리에 돌려놓는 것처럼 간단한 일로도 충분해! '바르게 행동하고 싶다'는 마음을 가지면 자연스럽게 행동도 달라질 거야.

생각을 정리하면서 생각하는 습관을 길러 보자!

다음 주는 바쁘니까 이번 주에 할 수 있는 일은…

갑자기 예상치 못한 일이 생기면 무엇부터 해야 할지 몰라서 당황할 때가 있지? 그래서 평소에 머릿속으로 생각을 정리하는 습관을 들이자. 예를 들어 바쁠 때는 해야 할 일을 종이에 순서대로 적어 두거나, '지진이 나면 어떻게 할까?'를 가족과 미리 이야기해 보는 것도 하나의 계획(플래닝)이야.

소중한 물건 점검하기

매일 사용하는 소중한 물건들이 잘 정리되어 있는지 확인하자!

◇ 휴대전화·컴퓨터 정리

휴대전화나 스마트폰, 컴퓨터 안에는 중요한 정보가 정말 많아! 특히 얼굴 사진, 주소, 이름, 전화번호, 이메일 주소 같은 건 '개인정보'라고 해서 모르는 사람에게 새지 않도록 꼭 조심해야 해. 정기적으로 확인해서 필요 없는 건 삭제하고, 파일이나 데이터도 불필요한 건 지워서 깔끔하게 정리해 두자.

◇ 마스크와 손 소독제를 점검하자

감염병을 예방하려면 필요할 때는 마스크를 쓰고, 손을 씻거나 알코올 젤로 소독하자. 가족과 상의해서 방법을 정해 두면 좋아. 마스크는 길어도 하루에 한 번은 새것으로 바꾸고, 항상 깨끗한 것을 사용하자. 마스크와 소독제는 피부에 맞는 제품을 선택하는 것도 중요해.

학교나 밖에서도 깔끔하게

집 다음으로 오래 머무는 곳은 학교! 깨끗함을 유지하자!

◇ 책가방과 가방

매일 학교에 가지고 가는 책가방은 물건을 넣을 '자리를 정해 두기' 하고, 학기 말에는 손질도 해 주자. 학원에 가지고 가는 가방도 안에서 칸막이나 파우치를 잘 나누어 사용하면서 정리해 두면 좋아.

◇ 학교 책상과 사물함

학교 책상과 사물함도 집처럼 깨끗하게 정리하자. 매일 꺼내는 물건(교과서 등)과 학기 말까지 두는 물건(준비물 상자 등)의 '자리를 정해 두기'를 하자. 사물함이나 준비물 상자 안에서는 자주 쓰는 물건을 앞쪽에 두면 더 편리해.

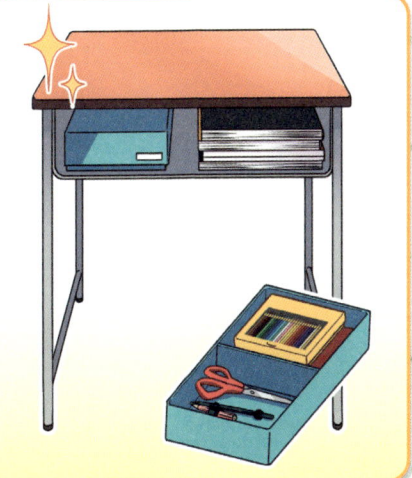

내일의 준비물 리스트

물건을 자주 잊는 사람은 가지고 다니는 물건을 미리 점검해 두자!

◇ 전날 미리 챙겨 두기

시간표에 맞춰 준비하는 건 아침이 아니라 전날 밤에 해 두자. 숙제나 급식 주머니, 체육복처럼 전날 준비하지 않으면 늦을 수 있는 물건들도 있어. 가족에게 확인해야 할 일도 있을 수 있으니까 가능한 한 일찍 챙겨 두자.

◇ 잊은 물건이 없는지 확인

시간표에 맞춰 준비를 끝냈다면, 빠뜨린 물건이 없는지 다시 한 번 확인하자. 가족에게 전할 이야기나 알림(62쪽 참고)도 함께 확인해 보자. 해야 할 일이나 가져갈 물건은 메모장이나 왼쪽 페이지의 체크리스트에 적어 두고 표시해 두면 좋아.

갑자기 "지금 체육복에 이름표 달아줘!"라고 말하면 가족도 곤란해져. 시간이 걸리는 일은 미리 말해 두자♥

제4장 내 주변을 항상 깔끔하게 유지하는 법

내일의 체크리스트

☐ 시간표	교과서, 노트, 워크북 등 수업에 필요한 학습 자료.
☐ 숙제	내일까지 해야 할 숙제는 없었나?
☐ 프린트물	부모님께 드릴 프린트, 부모님께 받을 프린트, 학교에 제출해야 하는 프린트.
☐ 체육복	체육이 있는 날이나 동아리 활동이 있는 날에는 필요한 물건을 잊지 않도록 하자.
☐ 학원 수업 관련 물건	학교에서 바로 갈 때는 물론, 집에서 출발할 때도 미리 준비해 두자.
☐	
☐	
☐	
☐	
☐	

빈칸에는 너의 물건을 직접 써서 체크해 보자!

파우치에 넣어두면 좋은 물건들

자주 쓰는 작은 물건들은 파우치에 모아두면, 언제나 가지고 다니기 편하다!

◇ '패션 소품'과 '만약을 대비한 소품'으로 나누자

작은 물건들은 파우치에 넣어서 가지고 다니는 게 가장 좋아. 하지만 아무거나 다 같이 넣지 말고, 칸이 나뉜 파우치를 사용해서 무엇을 어디에 넣을지 정해 두자.

거울이나 빗 같은 '패션용 소품' 파우치와, 외출 중에 몸이 아플 때 사용할 '비상용 소품' 파우치를 따로 두면 좋아. 파우치는 2~3개로 나누어 정리하는 게 가장 편해.

'바르고 깔끔한 소녀'라면 '혹시 모를 상황'에 대비해 두는 게 좋아. 파우치는 항상 가방 안에 넣어 두자!

'만약을 대비한 파우치' 예시

- 물티슈
- 호루라기
- 사탕
- 마스크
- 비닐봉지
- 돈
- 티슈
- 미니 수건

파우치 속 내용물 체크리스트

패션용 파우치	비상용 파우치
☐ 손거울 / 컴팩트 거울	☐ 마스크
☐ 머리끈 / 헤어핀	☐ 여분의 휴지 / 미니 수건
☐ 빗 / 헤어브러시	☐ 물티슈
☐ 립크림	☐ 돈(동전, 천 원 지폐)
☐ 핸드크림	☐ 사탕
☐ 자외선 차단제	☐ 비닐봉지
☐ 여분의 생리용품	☐ 호루라기
☐ 여분의 휴지 / 손수건	☐ 반창고
☐	☐ 손 소독 젤
☐	☐
☐	☐
☐	☐
☐	☐
☐	☐

제 4 장 내 주변을 항상 깔끔하게 유지하는 법

이 밖에도 평소에 사용하는 약이 있다면 함께 넣어 두자.
정기적으로 새것으로 바꿔 주는 것도 잊지 말자!

밖에서도 정리의 규칙을 지키자!

집 밖에서도 정리의 규칙을 실천할 수 있는 곳이 많아!

정리의 규칙으로 배려심 있는 멋진 여자아이 되자!

정리하는 습관이 생기면 밖에서도 '깔끔하게 해야지!' 하는 마음이 저절로 생겨. 집을 정리해서 깨끗해지면 기분이 좋아지잖아? 밖에서도 똑같아. 모두가 기분 좋게 지낼 수 있도록 주변을 살펴보는 마음을 가져보자. 기본은 집에서처럼 '사용한 건 제자리에 두기', '더러워졌다면 깨끗하게 하기'야.

◇ 다 먹은 뒤에는 정리

패스트푸드점이나 푸드코트에 갔을 때, 반납구가 있는 곳이라면 식사 후에는 꼭 정리해야 해. '쓰레기를 종류별로 나누어 버리기' 같은 가게의 규칙도 잘 지켜야 해. 트레이나 쓰레기를 자리에 그대로 두고 가는 건 절대 안 돼!

◇ 세면대는 깨끗하게 사용

화장실을 다녀온 뒤에는 손을 씻고, 물이 튀어서 더러워졌다면 휴지로 닦자. 머리를 빗다가 머리카락이 떨어졌으면 휴지로 주워서 버리자.

◇ 쓰레기는 쓰레기통에

길이나 역, 공원처럼 밖에 있을 때도 쓰레기는 정해진 방법대로 버려야 해. 쓰레기통이 없으면 아무 데나 버리지 말고 집에 가져가자.

◇ 사용한 물건은 원래 있던 곳에

서점이나 도서관에서 책을 꺼내 봤다면 다 본 뒤에는 꼭 제자리에 돌려놔야 해. 그래야 다른 사람들이 쉽게 찾을 수 있거든. 옷가게나 잡화점에서 물건을 볼 때도 마찬가지야. 어디에 있었는지 모르겠다면 그냥 두지 말고 직원에게 물어보자.

식사 후나 정리를 마친 뒤에는 손도 씻거나 소독하자♪ 너 자신도 깨끗하게 하는 거야!

제4장 내 주변을 항상 깔끔하게 유지하는 법

계획을 잘 세우는 방법

정리할 때뿐 아니라 평소 행동도 계획을 세워서 진행하면
머릿속이 정리되어 좋은 일이 많아진다.

계획을 세워 보자!

물건을 잊지 않고 매일 바르게 지내려면 '계획 세우기'를 해 보자. 계획 세우기(플래닝)란 목표를 이루기 위해 미리 일정과 순서를 정하는 거야. 외출 일정은 물론, 숙제를 하는 순서나 챙겨야 할 물건, 미리 해 두고 싶은 일 등을 정리해서 일정표나 노트에 적어 두자.

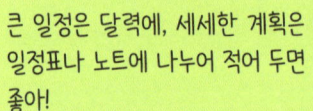

큰 일정은 달력에, 세세한 계획은 일정표나 노트에 나누어 적어 두면 좋아!

15일(토)
8시 산책
10시 청소
수학 숙제
•영어단어 암기

16일(일)
10시 산책
14시 도서관에서 물고기 책 찾기
•프린터 챙기기

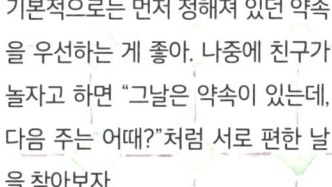

먼저 정해져 있던 일정을 먼저 하자!

기본적으로는 먼저 정해져 있던 약속을 우선하는 게 좋아. 나중에 친구가 놀자고 하면 "그날은 약속이 있는데, 다음 주는 어때?"처럼 서로 편한 날을 찾아보자.

갑자기 생긴 가족 일처럼 나중에 들어온 일정을 먼저 해야 할 때는, 미뤄진 약속을 언제로 바꿀지도 함께 정해 두자.

끝나면 한 줄로 느낌을 써 봐!

그날의 일정이 끝나면 짧게 일기처럼 느낌을 써 보자. 하루를 되돌아보면 잊은 것도 줄어들어.

계획대로 되지 않아도 "다음에는 이렇게 해야겠다" 하고 생각하면 점점 계획을 더 잘 세우게 될 거야.

플래닝 캘린더

 월

월	화	수	목

매달 복사해서 월과 날짜를 적어 쓰자.
매일의 일정이나 할 일을 적어 두자♪

제 4 장 내 주변을 항상 깔끔하게 유지하는 법

금	토	일	MEMO

바른 습관

Q 공용 물건은 어떻게 정리하면 좋을까요?

학교나 학원의 칠판이나 지우개가 더러워서 신경 쓰여요. 어떻게 하면 좋을까요?

이걸로 해결!

A 모두가 기분 좋게 사용할 수 있도록

칠판 지우개나 분필의 보관 장소를 선생님께 확인해 보자. 학교나 학원처럼 여러 사람이 함께 사용하는 곳에서는 "다음 사람이 기분 좋게 사용할 수 있도록" 하는 게 가장 중요하다. 체육 도구나 교실 이동을 할 때도, 사용한 물건은 반드시 제자리에 두도록 하자.

"분필은 여기에 넣어도 될까요?"

"고마워!"

나는 이렇게 하고 있어!

해피 큐트 독자의 소리

모두의 의견을 설문조사했어

6학년이 되어 미화위원이 되었어. 그래서 "어디를 정리하면 좋을까?" 하고 반 친구들에게 설문조사를 했어. 그 결과, 과학실을 깨끗하게 정리하기로 했어! (지원)

계획을 세웠는데도 잘 되지 않아요.

스케줄표에 계획을 써도, 생각대로 되지 않을 때가 있어요. 어떻게 하면 좋을까요?

 마지막에 목표를 달성할 수 있다면 OK!

예를 들어 '수학 문제집을 공부한다'라는 계획을 세웠다면, '빨리 끝내는 것'이 목적이 아니라 수학을 제대로 공부하는 것'이 진짜 목적이야. 계획대로 되지 않아도, 마지막에 그 목적을 달성했다면 괜찮아. 그리고 '왜 생각대로 되지 않았을까?' 하고 스스로 생각해 보는 것도 아주 중요해. 계획을 세우고 실천하고, 잘 안 된 부분을 돌아보는 과정을 통해 머릿속이 훨씬 정리될 거야.

내일 할 일
· 오늘 문제집의 남은 부분
· 수학 숙제

'숙제를 한 시간 안에 끝낼 수 있을까?' 하고 미리 시간을 생각해 두는 것도 계획 세우기의 한 부분이야!

나는 이렇게 하고 있어!

해피큐트 독자의 소리

끝난 일정은 빨간 펜으로 지운다

나는 '수학 프린트' 같은 끝난 일정을 빨간 펜으로 표시해서 지워 둬. 그러면 남은 일이 얼마나 있는지 보기 쉬워! (예솔)